さらに
100のワークで学ぶ
カウンセリングの見立てと応答

竹内健児 著

創元社

本書の趣旨

　人は生きる中で心に何らかの苦しみを抱えます。自分の性格についてだったり、人間関係の葛藤だったり、体の病だったり、過去の心の傷だったり、将来の生き方の選択だったり。その心の苦しみをまずは自分でなんとかしようと試みますが、いつもうまくいくとは限りません。うまく対処できない心の苦しみは、抑うつ状態や不安発作などの精神症状や、片頭痛や過敏性腸症候群といった身体症状、非行や犯罪といった反社会的行動、引きこもりといった非社会的行動として現れることがあります。そしてそうした症状や自らの行動の影響にさらに苦しむことになります。周囲の身近な人に助けを求めてうまくいくこともありますが、やはり解決できないこともあります。それに、身近な人だからこそ言いたくないこと、知られたくないことがあるものです。そこでカウンセラーのもとを訪れます。
　「困っていることがあって」
　〈どうされましたか。お話を聞かせてください〉
　カウンセリングはこうして始まります。クライエントはつい先ほどまで「赤の他人」だったカウンセラーに、心の内を開いて見せます。長年に渡って隠し続けていたことを初めて打ち明けることすらあります。考えてみればすごいことですが、カウンセラーはそういう話をしてもいい人だ、そういう専門家だと期待されているから起きることです。カウンセラーはその期待に応えねばなりません。
　しかし、話を聞き始めてみるとそう簡単でないことがわかります。なぜなら、たとえカウンセラーがどんなに受容的な態度を取っていたとしても、クライエントはカウンセラーにとってやはり「他者」だからです。初回において、クライエントはカウンセラーにとって初対面の相手であり、事前情報は全くないか、あっても本人や第三者から事前に得たわずかな情報だけです。その人がどのように生きて来て、今何が起きていて、何をどのように感じたり考えたりしながら生きているのか、これからどうなりたいのかは、「黙って座ればピタリと当た

る」ようにはわかりません。だからカウンセラーはクライエントの話に耳を傾け、対話し、少しずつクライエントのことを知っていきます。

聞いていくとクライエントの話は実に多様です。その多様性は人間の生き方、死に方の多様性から生まれてきます。カウンセラーを長年やってきて実感することは、「いろんな人がいるものだなあ」ということです。当たり前のことですが、人の心の奥深くに触れさせていただく仕事をしてきて実感するのはまさにそのことです。しかもこれはカウンセリングという形でお会いできた人について思うことですから、私の知らない生き方、死に方はまだまだあることでしょう。多様性に満ちた人の話を聞き、何らかの役に立つためには、自分自身の守備範囲を広げ、考えを深めていく不断の努力が必要です。

前著『100のワークで学ぶカウンセリングの見立てと方針』（以下、**『見立てと方針』**と略します）では、クライエントの言動や第三者情報から見立てをし、方針を立てる際のポイントについて考えました。しかし、見立てと方針があれば、それだけでカウンセリングができるわけではありません。

「私は泳ぎ方は知っています。でも、水の中に入ったことはありません」。

この人はきっと泳げないでしょう。「知っている」こととできることは別だからです。カウンセリングについても同じことが言えます。いくらカウンセリングについて勉強し、知識をたくさん仕入れ、鋭い分析ができるようになっても、カウンセリングをしたことがなければできるようにはなりません。知識や理論だけでなく、経験がものをいう世界です。大学院の修士課程1年生を対象にカウンセリングや臨床心理学の授業をしていると、1年後には、特定の事例についてけっこう鋭い、立派な分析を語る院生が出てきます。ある意味、「カウンセリング評論家の絶頂期」を迎えていると言えるでしょう。ところが、「では、この場面でこのクライエントに実際に何と言いますか」と問いかけると、「……」と黙ってしまいます。私はこれまで院生に「皆さんはカウンセリング評論家ではなく、カウンセラーになるのです。頭で考えて、どれだけ鋭い分析ができても、その場で、クライエントに直接伝えられる言葉がセリフの形で口から出てこなければカウンセリングになりません。カウンセラーとしてどう対応するか、セリフの形で考えましょう」と繰り返し伝えてきました。

カウンセラーになるための訓練として、ロールプレイで初めてカウンセラー

役をしてみると、まあ何と難しいことか。ロールプレイを終えた直後、「ああ、疲れた。5分間がこんなに長いとは。まだかまだかって、終わりの時間が来るまでひたすら耐えていました」と感想を語った人がいました。まるで水の入った洗面器に顔をつけて1分間息を止めた後、顔を上げて慌てて呼吸するかのようです。ロールプレイは決して我慢大会ではないのですが、最初はそんなものです。

　カウンセラーは目の前のクライエントとのやりとりの中で複数の引っかかりを持ち、それを口に出して言える言葉に変換し、その場の文脈にしたがって次の一言を意図を持って的確に選択します。しかしそれで終わりではありません。言ってみたら反応が返ってきますから、その反応に対してさらに何と言うか、その言葉をその場で工夫します。そうした実践に即したやりとりの力をつけることが本書の趣旨です。

　カウンセリングの本番は一般的に1回50分間です。その途中で「一時停止ボタン」を押すことはできません。しかし、初心者のトレーニングとしては、長いやりとりを一気に進めた後で考えるだけでなく、短いやりとりをしては立ち止まり、クライエントの発言の意味や、よりよい応答をその都度考えることが役立つと思われます。そこで、本書では前著と同様にまず事例の断片を提示し、それをもとにワーク形式で応答の仕方に取り組んでいきます。

　そして可能な限り、カウンセラーの発言をセリフの形でたくさん掲載します。ただし、気をつけていただきたいのは、ここに書かれているカウンセリングの応答例をすべて暗記すればカウンセリングができるわけではないということです。カウンセリングには個別事例に関する見立てと方針が必要です。それはそのクライエントに教えてもらわねば決してわからないものです。また、カウンセラーにもそれぞれの個性がありますから、私がここに書いた言い方とは別の言い方を好む人もいるでしょう。それはそれでかまいません。

　インテーク面接の最後に泣き出し、涙を流したクライエントがいました。少し待って泣いた理由を尋ねると、「自分からカウンセリングを受けたいと思って来たんですけど、最初は何をどう話せばよいのかわからなくてとても不安でした。でも、上手に話を引き出してくださったおかげで、意外とスッと話せて安心しました。思っていた以上のことが話せた気がします」との答えでした。そ

れは安堵の涙でした。心理カウンセラーは薬は使えません。その代わり、心理学的なものの見方と、心理学的な支援方法、それを可能にする対話の技を備えています。話を進めていく技があればこそ、カウンセラーはクライエントの心に触れられるし、クライエントは自分自身の心に触れられるのです。カウンセラーの対話の技は、クライエントにとって安心感につながるでしょうし、カウンセリングへの動機づけを高めることになります。といっても、対話を徹頭徹尾滑らかに進めなければならないということはありません。時に閊えたり、乱れたり、ずれたりしながら進んでいきます。もしずれていることに気づいたら、修正しながら進めていけばよいのです。

　本のタイトルは『見立てと応答』としました。1つひとつの応答は見立てとつながっているためです。見立てと応答は、①応答を重ねることで見立てが浮かび上がってくる、②見立て自体を言葉で伝える、③見立てに基づいて応答を重ねる、という循環的な関係にあります。そして、カウンセラーの応答には、その一言ひとことにカウンセリングとしての意図があります。第1章と第2章で応答の意図に触れるのは、その点を強調するためにほかなりません。その後、第3章から第6章では、事実を聞き、思いを明らかにする中で見立てが作られていくやりとりの実際を示します。前著『見立てと方針』ではカウンセラー側が集めた情報をもとに見立てを作っていくプロセスを描きましたが、今回は共同作業として見立てを形づくっていく際のクライエントとのやりとりをより具体的に示します。そして第7章で、見立てをクライエントにどう伝えるかについて触れます。

　続く第8章は、変化を促進するために、見立てに基づいてどのように能動的に働きかけるかという話です。第9章も変化の促進に関わるのですが、クライエントからの問いかけに応え、カウンセラーとしての思いを伝えること。第10章は、クライエントからのカウンセリングに対する疑問にどう答えるか、第11章は倫理的問題に関わる応答で、どちらも特に初心者のうちは対応が難しく感じられるものだと思います。最後の第12章では、子どもを対象にした遊戯療法における応答について取り上げます。

　なお、本書では、気持ち（感情）と考え（認知）の混ざったものとして「思い」という言葉を使います。この2つははっきり区別できることもありますし、区

別が難しいこともあります。区別することが大切な事例もあるでしょうが、綯い交ぜのものを区別せずそのまま抱えるほうがよい事例もあります。

　この本は初心者向けではありますが、カウンセリングの「第一歩」ではありません。カウンセリングの定義や歴史、主要な学派の理論や基礎知識、カウンセラーの基本的態度、応答技法の基礎の基礎（頷き、相槌、反映、言い換え、要約といった種類があること）については一通りの座学を終え、実際にカウンセリング（あるいはその手前のロールプレイ）を体験し始めたくらいの方を主な対象としています。中堅以上の方も、ご自分の経験を振り返るために活用していただければと思います。

　ワークの番号は101から始まっていますが、これは前著『見立てと方針』の続編として通し番号にしているためです。前著に出てきたワークをより発展させた形のワークも出てきます。また、解説に登場する『Q&A』『遊Q&A』は、それぞれ拙著『Q&Aで学ぶ心理療法の考え方・進め方』『Q&Aで学ぶ遊戯療法と親面接の考え方・進め方』を指し、すぐ後の数字はQの番号を示していますので、適宜ご参照ください。カウンセラー、セラピスト、心理士などの言葉が出てきますが、本書では厳密に区別して使用しているわけではありません。心理相談を行う人と理解してください。取り上げた事例はすべて創作例です。

　本書を通じて、カウンセラーとクライエントの間で積み重ねられる心のやりとりがより充実したものとなることを願っています。

2024年11月1日

竹内健児

目　次

本書の趣旨 ……………………………………………………………… 3

第1章　意図を持って応答する ……………………………………… 11

第2章　流れの中で意図を持って応答を組み立てる …………… 27

第3章　事実関係を尋ねる …………………………………………… 43

第4章　思いを受け止める …………………………………………… 61

第5章　思いを明確化する …………………………………………… 83

第6章　引っかかりを通して思いを引き出す …………………… 103

第7章　見立てを伝える ……………………………………………… 127

第8章　思いを揺らす・作戦会議・提案 ………………………… 145

第9章　カウンセラーの思いを伝える …………………………… 171

第10章　カウンセリングへの疑問や不信に答える …………… 189

第11章　倫理に絡む応答 …………………………………………… 205

第12章　遊戯療法における応答 ………………………………… 223

あとがき ……………………………………………………………… 244

さらに100のワークで学ぶ
カウンセリングの見立てと応答

第1章

意図を持って応答する

突然ですが、算数の問題です。

> **ワーク101**
>
> ## 子どもの発達の査定のワーク
>
> 5歳と2歳は何歳違いですか？

なぞなぞでも、ひっかけ問題でもありません。カウンセリング、特に子育てに関するカウンセリングをする上ではとても大切なことです。答えは「3歳」？本当でしょうか。

「本児5歳11ヵ月、弟2歳0ヵ月」であれば、ほぼ4歳違い。「本児5歳0ヵ月、弟2歳11ヵ月」であれば、ほぼ2歳違いです。幼い子どもの場合、1ヵ月の成長は大きいものです。ですから、子どもの年齢を書く場合、未就学児であれば、月齢まで書きましょう。

月齢が不明な場合は、〈月齢も教えていただけますか〉とストレートに聞いてもよいし、〈5歳とおっしゃいましたが、5歳と何ヵ月ですか〉と尋ねてもよいでしょう。これで大抵は答えてもらえると思います。でも、もし質問の理由を尋ねられたら……。次のワークで考えましょう。

> **ワーク102**
>
> ## 質問の意図を明確に伝えるワーク①（ワーク101の続き）
>
> 相談に来た母親の話では子どもは2人で、上の子が5歳、下の子が2歳とのことでした。そこで母親に〈お子さんお二人の月齢も教えていただけ

ますか〉と尋ねたところ、「どうしてですか?」と聞き返されました。カウンセラーの質問の意図を明確に伝えてください。

　『Q&A』109に、質問するときには「質問の意図がクライエントに伝わるように問う」こと、そのためには、「自然な流れの中で問うこと」と、「質問の意図をはっきりと説明すること」だと書きました。このクライエントにはカウンセラーの質問の意図が伝わっていないようです。このように聞き返されることが実際にどれだけあるかはわかりませんが、カウンセラーが意図をしっかり持って質問しているのであれば、聞き返されたときに戸惑うことはないはずです。この場合、カウンセラーは子どもの月齢を明確にすることが、子どもの発達のアセスメント、きょうだいの関係のアセスメントに役立つと考えています。これをそのまま説明すればよいのです。例えばこんな言い方です。

ワーク102の解答例
　〈幼い子どもの場合、1ヵ月の成長って大きいですね。5歳の子どもでも、5歳0ヵ月と5歳11ヵ月では1年近くも差があります。それで、正確なところを知りたいと思ったんです。それに、2人のお子さんの月齢の差がはっきりすることで、きょうだいの様子をイメージしながらお話を伺うことができますから〉

　カウンセラーの質問の意図を明確に伝えるワークを続けます。

ワーク103

質問の意図を明確に伝えるワーク②

クライエントに〈子ども時代はどんなお子さんだったんですか？〉と尋ねたところ、「どうしてですか？　何か関係ありますか？」と聞き返されました。クライエントは警戒した様子でした。どう尋ねればよかったのでしょうか。

　「警戒したということは、子ども時代に何かがあったのかもしれない」と考えてみることもできます。しかし、警戒させてしまっては話は出てきません。警戒するのは、カウンセラーが質問の意図を伝えていないからです。カウンセラーは、カウンセリングとしてのどのような必要性があってクライエントの子ども時代のことを聞きたいと思ったのでしょうか。それを言葉にして伝え、クライエントが納得すれば話は出てきやすくなります。

ワーク103の解答例
〈先ほどのお話では、どうも人間関係のパターンは昔から変わっていない気がするということでしたね。そのパターンがいつ頃からどんなふうにしてできてきたのかを辿ってみると、そのパターンを脱するヒントが得られるように思います。それで子ども時代のことをお聞きしたいと思ったのですが、いかがでしょうか〉

ワーク104

質問の意図を明確に伝えるワーク③

　クライエントは40歳の男性。「夫婦関係がうまくいかない。私は離婚したいとは思っていないし、妻もそこまで考えているわけではないと思う。最近息子が生まれたが、うまくいかないのはそれ以前からのこと。もともと、コミュニケーションを取るのは子どもの頃から得意なほうではなかった」といったことを主訴として語りました。そこで、〈奥さんとの馴れ初めを教えていただけますか〉と尋ねると、「どうしてですか？」と聞き返されました。この質問をした意図をクライエントにどのような言葉で説明するか考えてください。

　このクライエントは、夫婦関係がうまくいかないことに悩み、離婚せずに関係を修復することを望んでおられます。どこをどう修復すればよいか、可能性を探るためには、夫婦のこれまでの歴史を尋ね、関係がどこでずれて来て、どこでまだつながっているのかを知ることが必要だろうと思います。そのことを丁寧に説明しましょう。例を挙げます。

ワーク104の解答例

〈お聞きした理由は3つあるのですが、1つは、夫婦の歴史を伺って、どこでどう関係がうまくいかなくなってきたのかを考えたいということ。2つ目は、お二人とも離婚は考えていないとのことでしたので、お二人が惹かれ合ったと

ころ、そして今も夫婦をつないでいるのはどういうところかな、それはもしかすると今後も夫婦関係をつなぐ要素になるかなと思ったこと。最後は、子どもの頃からコミュニケーションを取るのが苦手と言っておられましたが、苦手といっても結婚されたわけですから、どのようにして知り合って、結婚に至ったのかなと思ったのです〉

　カウンセラーが意図を持って応答しても、クライエントがそれをどう受け止めるかはまた別の話です。カウンセラーの意図と違う受け止め方をされていると感じたときは、意図を伝え直して修正しましょう。

ワーク105

応答の意図を伝え直すワーク

　クライエントの話をしっかりと聞いていたつもりでしたが、最後の辺りで、よくわからなくなりました。どうもクライエントのほうがまだうまく説明できないようです。そこでこう尋ねました。

〈今のお話の最後の部分が少しわかりにくかったのですが、もう少し説明していただけませんか〉
「すみません。あまり上手に話せなくて」

　クライエントは申し訳なさそうにしていました。カウンセラーは決して責めるつもりで言ったのではありません。とはいえ、このクライエントは責められているように感じ、自分の説明能力の低さに劣等感を抱いているかのようでした。最初の質問の意図を明確に伝え直してください。

ポイントは、責めているのではないことを伝え、尋ねた意図を説明し、上手に話す必要はないと伝えて緊張を解くことです。

ワーク105の解答例

〈いえ、責めているのではないんですよ。こちらが間違って受け止めてしまうことがないように、はっきりさせたくて伺ったんです。それに、上手にお話しいただかなくてもかまいません。私のほうが「上手に聞く」ようにしますので〉

自分の応答の意図を自覚できていれば、説明すること、説明し直すことはさほど難しくはありません。はっきりとした意図を持たないままにしゃべっているとどうなるかという例を見てみましょう。

ワーク106

応答の意図を考えるワーク

〔事例25〕
　カウンセリングのロールプレイで、カウンセラー役は言葉に詰まって、対話が途切れてしまいました。会話は次のようなものでした。

「最近、酒の量が増えていて。ついにこの前失敗してしまいました」
〈飲んでいるお酒は日本酒ですか、それともビール？〉
「ビールです」
〈ああ、この季節に飲むビールは美味しいですからねえ〉

「……そうですね」

会話がここでストップした理由を考えてください。

ワーク106の解答例

　カウンセラー役は最初の質問として〈飲んでいるお酒は日本酒ですか、それともビール？〉と尋ねています。この質問の意図は何でしょう。後で尋ねてみると、深く考えていたわけではなく、どんな酒かなと思ったので訊いたとのことでした。クライエントの答えは「ビールです」でした。もし、カウンセラー役が、「日本酒だったらどうで、ビールだったらどう」と区別することに心理的な意味があると考えていたのであれば、「ビールです」という答えを受けて次の応答ができたかもしれません。しかし、このカウンセラー役は、〈ああ、この季節に飲むビールは美味しいですからねえ〉ととてもありきたりな日常会話のセリフを返しています。まるで酒を飲む量が増えたのは季節のせいであるかのように。この応答には、クライエント役の「最近、酒の量が増えていて。ついにこの前失敗してしまいました」という発言を心のこととして取り上げようとする意図が感じられません。カウンセリングはクライエントが抱えている心の苦しみに耳を傾ける仕事ですから、カウンセラーはクライエントの話を心のこととして聴いていかねばなりません。

　信頼関係形成のためにはこうした雑談もあってよいという人がいるかもしれません。しかし、「いきなり心の話に入らず、柔らかい態度で信頼関係を構築する」ことがこの場合の意図だったとしても、その後何を聞くかというプランを持っていたでしょうか。それがあれば、会話はストップすることなく、話を展開させることができただろうと思います。

　カウンセラーは決して闇雲に話しているのではなく、一言ひとこと意図を持って言葉を発します。1回50分間、ずっとそうです。その意図とは、クライエントにとって有意義な心の作業を進めることです。言い換えれば、相槌にしても、質問にしても、カウンセラーの考えの伝達にしても、それを口に出すかどうかは、その一言によって有意義な心の作業を進めることになるかが基準とな

ります。その一言を発することで、どのような意味でそのカウンセリングがより意義深いものになると考えているのかを常に自らに問う姿勢を持ちましょう。「このことを言おうかな」と思ったときには、その事例全体のその時点での見立てと方針に照らして「やはり言うことがこの場合はカウンセリングとして意味を持つだろう」と判断して言うのです。実際には、「あのとき私がこう言ったのはどうしてだったのだろう」と後になってからしか意味づけができないこともあり得ますが、その場合は「あのとき」の私の意図は何だったのかをしっかり振り返ってみましょう。

カウンセラーが意図を持って発した一言にクライエントが答えると、カウンセラーはその答えを受けて次の一言をその場で考え、また意図を持って口に出します。カウンセラーの心に浮かぶ言葉は一通りではありません。次に、クライエントの発言を受けて複数の引っかかりを持ち、それを意図を持って具体的な発言につなげるワークをしましょう。

ワーク107
応答を複数思いつくワーク（ワーク106の続き）

〔事例25〕
クライエントが次のように発言しました。

「最近、酒の量が増えていて。ついにこの前失敗してしまいました」

この発言のうち、アセスメントとして注目すべき点を複数挙げ、下線を引いてください。次に、そのことをどう取り上げるかを考え、カウンセラーの応答をセリフの形で具体的に示してください。

ワーク107の解答例

　前半の課題は、前著『見立てと方針』のワークで何度も取り組んだことの復習です。

　「①最近、②酒の③量が増えていて。④ついに⑤この前⑥失敗してしまいました」

　後半の課題に関しては、①〜⑥の下線部について、取り上げ方の例を１つずつ示します。
　①〈最近というのはどれくらい前からですか〉
　②〈お酒の種類としては主に何を飲んでおられるのですか〉
　③〈量が増えているとおっしゃいましたが、以前はどれくらいだったのが最近はどれくらいに増えたのでしょうか〉
　④〈ついにというのは、いつか失敗するんじゃないかと思っておられたということでしょうか〉
　⑤〈この前というのはいつのことですか〉
　⑥〈失敗とおっしゃいましたが、どのようなことか伺ってもよろしいですか〉

　では、この６つの質問においてカウンセラーが抱いている意図は何か。それを次のワークで考えてみましょう。

ワーク108
複数の応答のそれぞれの意図を考えるワーク①
（ワーク107の続き）

[事例25]
　ワーク107の解答例にある①〜⑥の応答について、カウンセラーの意図を考えてください。

ワーク108の解答例

　①増え始めた時期を尋ねる事実確認の質問です。これによって、増えた期間がどれくらい続いているのかを査定することができます。また、この質問は、その頃に酒量が増えるきっかけとなるような出来事や状況の変化が見られたのかといった、背景を尋ねる次の質問につながります。〈その頃、何かあったのでしょうか。例えば、何か急に大きなストレスがかかるようなことがあったとか〉といった問い方ですが、こうした言わば「次の一手」を考えながら応答するわけです。

　②飲酒習慣を査定する事実確認の質問です。**ワーク106**で述べたのは、酒の種類を尋ねる質問自体がよくないということではありません。カウンセリングとしての意図があるかどうかの問題です。量が少なくてもアルコール度数が高いこともあるでしょう。その場合は、〈アルコール度数の高いお酒ですね〉と受けることになるかもしれません。また、話の中でクライエントに酒の種類や銘柄へのこだわりが感じられたなら、この質問はそのこだわりに込められた何らかの思いを聞いていくことにつながる可能性があります。例えば、〈それがお好きなのは何か特別な思いがおありなのですか〉といったように。また〈どこで誰と飲むことが多いのですか〉といった飲み方についての事実確認の質問を続けることもできます。

　③量の変化を査定するための事実確認の質問です。「量が増えている」といっても、それだけでは増え方の程度はわかりません。答えを聞いて、〈それは確か

に増えましたねえ〉となるかどうか。場合によっては、①の期間の長さとも絡めて、アルコールへの依存の度合いを査定する必要が出てくるかもしれません。しかし、増えた量はそれほど多くなくても、クライエントは自ら気にしているかもしれませんし、あるいは誰かに言われたことを気にしているのかもしれません。ですから、この質問は、「増えたと気にしている」クライエントの思いを尋ねる「次の一手」につながっています。〈増えたことを気にしておられるんですね〉といった取り上げ方です。あるいは、〈量が増えて酔い方も変わりましたか〉という事実確認の質問を続けることも可能です。これは⑥の失敗の中身を聞いていくことにつながるかもしれません。

④これは酒を飲むこと、量が増えてきていることへのクライエントの思いを尋ねる質問です。答えは例えば、「ええ、薄々そんな予感がしていました」とか「そうならないように気をつけていたつもりなんですが」といったことでしょうか。

⑤「失敗」がいつ起きたのかを明確にする事実確認の質問です。これは、⑥の失敗の中身を具体的に尋ねることとつながっています。また、失敗してから今回の面接までに経過した日数が明確になりますから、失敗したという思いを何日程度抱えてきたのかがわかります。答えが「先々週の金曜日でした」だったら、〈ということは10日前ですね。それは長いこと辛い思いを抱えてこられましたね〉と受け止め、共感的理解を示す応答を返すかもしれません。

⑥失敗の中身を問う事実確認の質問です。どんな失敗だったのでしょうか。体のこと、仕事のこと、それとも家族のことでしょうか。どこで何がどうなって、その後どうなったのでしょう。この後も何か影響が続きそうなのでしょうか。そもそも、どんなことをクライエントは「失敗」と呼んでいるのでしょうか。〈伺ってもよろしいですか〉と添えているのは、失敗談を具体的に話したくない人もいますから、そのことへの配慮です。このクライエントはどこまで具体的に語るでしょうか。

「次の一手」と書きました。1つの質問はまた次の質問や応答へとつながっていきます。そのことは第2章で取り上げるとして、クライエントの発言を受けて応答を複数思いつき、その意図を明確に持つためのワークをあと2つしまし

よう。

ワーク109

複数の応答のそれぞれの意図を考えるワーク②

　60代後半の男性クライエントが「毎晩、布団に入って、亡くなった妻の名前を呼んで、『ごめん』と言って寝るんです」と語りました。そこには何らかの思いがありそうです。このことを取り上げるために、カウンセラーは次の4つの応答を思い浮かべました。それぞれの意図を考えてください。
　①〈そうすると落ち着いてよく眠れますか〉
　②〈「ありがとう」じゃなくて「ごめん」なんですね〉
　③〈確か、奥様は4年前にガンで亡くなられたということでしたね〉
　④〈奥様のことはまだあまり伺っていませんでしたね。少し伺ってもよろしいですか。ご結婚されたのは何歳のときですか〉

　カウンセリングをしていると、こういうちょっとした心的生活を教えてもらう機会があります。一見、日常の何気ない一場面のようであっても、深い思いが込められている場合がありますから、さらっと流さずに繊細に受け止めましょう。

ワーク109の解答例

　①その行動が睡眠に及ぼす「効用」に着目して、その行動の持つ意味を理解しようとしています。
　②思いを直接に取り上げることを意図した応答です。どうして「ごめん」なんでしょう。〈どうして「ごめん」なんでしょうか？〉と尋ねてもいいですが、この言い方のように指摘するだけにとどめ、話をクライエントに預けてみることもできます。ここから自然と話が広がるかもしれません。

③妻との別れについての詳細をまだ聞いていなかったのであれば、それを尋ねる機会としてもよいでしょう。以前に得た情報があるなら、そこから入るのも１つです。事実関係を聞いていくと、思いが語られやすくなります。お別れをする時間は十分にあったのでしょうか。期間は短くても、充実した時間が過ごせたでしょうか。喪った哀しみを味わうことはできたでしょうか。無念さはどのように残ったでしょうか。

④亡くなった話をするのが辛そうであれば、先に夫婦の歴史を馴れ初めから時代を追って、時間をかけて聞いていくとよいかもしれません。出会いを聞き、結婚の頃を聞き、その後の生活を聞き、そして別れを聞く。その中で、「ごめん」の意味が浮かび上がってくるかもしれません。事実を順に聞きながら思いを聞いていこうとする応答です。

この後、夫婦の暮らしぶりを時間をかけて聞いていくと、こんなことが語られるかもしれません。

〔対話１−１〕
「仕事ばかりで、家のことも子どものことも妻任せだった。定年退職したら一緒にあちこち旅行に出かけようかと思っていたら、定年前に妻にガンが見つかって、それからは闘病生活」
〈すると旅行は〉
「結局どこも連れて行ってあげられなかった」
〈ああ、それで「ごめん」になるのかも〉
「そうか。そうかもしれないね」

クライエントの話を聞いて、カウンセラーの心には"すまなかった"という後悔の気持ちが浮かんでいました。〈ああ、それで「ごめん」になるのかも〉は、カウンセラーのそうした心の動きをクライエントの心につなぐことを意図した応答です。

ワーク110

複数の応答のそれぞれの意図を考えるワーク③

　クライエントは30代の女性。面接を重ねることで信頼関係が少しずつできてきた感覚をカウンセラーは持っています。10回目の面接でクライエントがこんなことを言いました。

「ここ最近実家の母の話ばかりしていて、今日もまた母の昔の話があるんですけど、うーん、話したほうがいいような気がするんですけど、話したほうがいいんでしょうか（セラピストの目を見る）」

　これに対してカウンセラーが次のように応答するとき、それぞれの意図は何でしょうか。また、他にも言い方はないでしょうか。
　①〈どんな話をしていただいてもかまいません〉
　②〈話してみたいなら話してみられたらいかがでしょうか〉
　③〈ということは、話したくない気持ちもあるということですか〉

ワーク110の解答例

①これは「何を話してもいい」という保証を再度行うものです。この事例の見立てと方針に基づいていなくても言える、一般原則の確認です。
②これも「話したらいい」ということを保証するものですが、〈話してみたいなら〉とクライエントの願望を問う言い方をしています。
③これは、そもそも「話したほうがいいんでしょうか」と尋ねてきたことの背後にあるかもしれない迷いを取り上げる言い方です。

他にもこんな言い方が考えられます。対話例で示しましょう。

〔対話1-2〕

「ここ最近母の話ばかりしていて、今日もまた母の昔の話があるんですけど、うーん、話したほうがいいような気がするんですけど、話したほうがいいんでしょうか（セラピストの目を見る）」

④〈たぶんね〉

「えっ、どうしてですか」

〈いや、だってそのためにここに来ているんでしょう〉

「確かに……じゃあ、話そうかな」

〈じゃあ、聞こうかな〉

「（笑）」

"クライエントは話すことに迷いを持ちながらも、話すことを後押ししてほしいと思っているのではないか"と感じられたなら、こういう応答も可能です。常に生真面目な答えだけがよい応答ではありません。くつろいだ雰囲気がカウンセリングの場に遊びの感覚を生み、心に取り組みやすくなることがあるものです。

第2章

流れの中で意図を持って応答を組み立てる

クライエントの発言を受けてカウンセラーの心に浮かぶ言葉は一通りではありませんから、複数浮かんだ言葉のどれを言うかを選択し、どの順番に言うかを考慮し、一連の流れの中で応答を組み立てながら対話を進めていきます。そこにも意図が働きます。**ワーク108**の解答例で「次の一手」と書きました。事実確認の質問は次の事実確認の質問へと、あるいは思いを尋ねる質問へとつながっています。応答の意図には、その1つの応答の意図だけでなく、クライエントから返ってくる答えをある程度の幅を持って予測し、その答えを受けてその後のやりとりをどのように展開させていくかという意図があります（表2-1）。カウンセラーはこのように「二手先、三手先」を想定しながら対話を進めていきます。

表2-1　カウンセリングにおける応答の意図

- 1つひとつの応答の意図
- 流れの中で応答を組み立てる意図

　とはいえ、カウンセラーがいくら対話の流れを想定していても、その通りになるとは限りません。クライエントの答えは想定内のこともあるでしょうし、カウンセラーの想像を超えたものでもあるでしょう。初心者の間は、「次の一手」を考えるだけでも大変でしょうし、想定外の反応が返ってきたらなおのこと頭の中が真っ白になってしまうかもしれません。しかし、すべて想定内であったら対話の面白みは感じられないのではないでしょうか。カウンセリングの醍醐味は予想を超えたところにあるのです。カウンセリングのシナリオはその場で書かれていくものであって、あらかじめ書かれたものを読み上げるのではありません。質問に対して答えがあったら、それをしっかり受け止めて次に進みましょう。

　流れの中で意図を持ちながら1つひとつ応答していく。これができるようになることが本書の到達点です。この章では、個々の応答の意図だけでなく、一連の流れの中でどのような意図を持って対話を展開させていくかについて考えましょう。

　『Q&A』105では、「ゲームをやめられない」という主訴で相談に来た大学生

のクライエントに対して、4つの応答例を挙げました。これをワークにしてみます。

ワーク111

応答の順番を考えるワーク①

クライエントは大学生。相談したいことを尋ねると、「ゲームをやりすぎていて。やめないといけないとは思っているんですけど、やめられなくて」と言いました。これに対してカウンセラーは、以下の4つの応答を思いつきました。

① 〈やめたいけどやめられない……〉
② 〈どれくらいの時間やっておられるのですか？〉
③ 〈どんなゲームですか？〉
④ 〈いつ頃からですか？〉

どういう順番に聞いていくのがよいでしょうか。また、他の応答の仕方はないでしょうか。

ここに挙げた4つの応答は、どれも妥当なものだと思います。では、順番はどうでしょうか。必ずこうでなければならないというほどではないにしても、クライエントが話しやすい順番というのはあると思います。まずは、①で困っている気持ちを受け止めたいところです。事実関係を尋ねる質問②～④はその

後です。もし最初に①を言わずにいきなり③を尋ねたら、怪訝そうな顔で「ゲームの内容ですか？」と聞き返されるかもしれません。では、①の後、②～④のうちどれから聞くか。こうした場合、クライエントがすでに言ったことから聞いていくのが自然です。クライエントは「やりすぎていて」という思いを伝えてきていますから、その思いを受け止めて、②〈やりすぎているとおっしゃいましたが、どれくらいの時間やっておられるのですか〉と最初に尋ねるのが自然でしょう。その後、③と④に進んで事実関係をより詳細に聞いていきます。

　他にはどんな応答があるでしょうか。例えば、⑤〈やめないといけないと思うのだけれど、と言われましたが、やめないといけないと思われるのは？〉とか、⑥〈やめないといけない？　それとも、やめたい？〉と思いを訊く言い方もできそうです。

　ワーク108では、6つの質問の可能性を考えました。この6つの質問はこの順番に1つひとつ聞いていけばよいのでしょうか。そうではありません。クライエントが話しやすいように、また話が深まっていくように、応答の組み立てを考える必要があります。

ワーク112

応答の順番を考えるワーク②（ワーク108の続き）

〔事例25〕
　ワーク107の解答例で挙げた6つの質問は、どういう順番に尋ねていくとよいでしょうか。唯一正しい順番があるわけではありません。この順番がよいと考える意図を明確にしながら①から⑥の数字を順に並べてください。
　①〈最近というのはどれくらい前からですか〉
　②〈お酒の種類としては主に何を飲んでおられるのですか〉
　③〈量が増えているとおっしゃいましたが、以前はどれくらいだったのが最近はどれくらいに増えたのでしょうか〉

④〈ついにというのは、いつか失敗するんじゃないかと思っておられた
　　　ということでしょうか〉
　　⑤〈この前というのはいつのことですか〉
　　⑥〈失敗とおっしゃいましたが、どのようなことか伺ってもよろしいで
　　　すか〉

→　　　→　　　→　　　→　　　→

ワーク112の解答例

こんな対話例を考えてみました。

〔対話2-1〕

「最近、酒の量が増えていて。ついにこの前失敗してしまいました」
　③〈量が増えている。以前はどれくらいだったのが最近はどれくらいに増えたのでしょうか〉
「前は家で350mlの缶ビール1缶でよかったのが、足りなくて2缶になっています」
　〈倍に〉
「ええ。いや、もうちょっと多い日もあって」
　②〈だいたいビールですか〉
「そうですね。強い酒は得意ではないので」
　⑥〈なるほど。で、この前失敗したとおっしゃいましたが、どのようなことか伺ってもよろしいですか〉
「はい。小3の娘がいるのですが、娘の運動会の前の日に、やめとけばいいのにビール3缶と、調子に乗って日本酒も少し飲んで、翌朝頭が痛くて、運動会に行けなかったんです。娘は泣いて口をきいてくれなくなったし、妻には叱られるしで…」
　⑤〈そうでしたか。そんなことがあったんですね。運動会はいつだったんで

すか〉
「先週の日曜日です」
〈じゃあ6日前のこと。その後娘さんは〉
「昨日になってようやく少しだけ話してくれました」
〈そうでしたか。伺ってちょっと安心しました〉
「ええ（苦笑）」
④〈ついにと言っておられましたが、いつか何か失敗するんじゃないかと思っておられたということでしょうか〉
「そうですねえ、薄々そんな予感がしていました。そんなことにならないようにと思っていたのですが、どうしてこんなことになったのか」
〈何でしょうね。失敗を繰り返さないために、何が起きていたのか考えてみますか〉
「はい、そうしたいと思って」
①〈酒の量が増えたのは最近だと言っておられましたが、いつ頃からかわかりますか〉
「2ヵ月くらい前だと思います」
〈2ヵ月前。その頃何かありましたか。出来事でも状況が変わったということもいいのですが〉
「ええ、実はちょうどその頃、部下が2人立て続けに退職して」
〈ほう〉

　全体としては、事実関係を押さえてから思いを聞く、それから背後にある心の動きに目を向けるという流れになっています。『**見立てと方針**』で言えば、**ワーク2**にある、「現象の記述」から「見立て」へと向かう流れです。
　ここまでの話で、「失敗」は家族に関わることだとわかりました。この後、話は2人の部下が2ヵ月前に退職したことがクライエントの心にどのような影響を与え、それが酒量の増加に、そして「失敗」につながったのかを一緒に探っていくことになるでしょう。また、翌日運動会だとわかっていながら酒を止められず、いつもより多く飲んでしまったのはどのような心の動きだったのかも考えていく必要がありそうです。念のためですが、クライエントを責めること

が目的ではありません。このような「失敗」を人間的なものだと受け容れ、クライエントが抱えている心の苦しみを理解しようという態度で臨みます。「失敗」に至る苦しみと、「失敗」したことによる苦しみの両方を。その上で、同じことを繰り返さなくて済むように、クライエントが自分の心の苦しみを自覚し、それに対処するためのより適応的な別の方法を一緒に見つけていくことになるでしょう。

ワーク113

応答の組み立ての意図を考えるワーク①

〔事例26〕
　抑うつ傾向のある会社員の3回目の面接（土曜日16時開始）の冒頭で、「今日は特に気分が落ち込んでいて」という発言がありました。カウンセラーはそれに〈ほう〉と関心を向けた後、対話は次のように展開していきました。①〜④のカウンセラーの応答の意図はそれぞれどのようなものかを考えて、空欄に書き込んでください。その上で、応答の組み立ての意図を考えてみてください。

「今日は特に気分が落ち込んでいて」
① 〈ほう。いつもと比べてどんな状態なんでしょうか〉
「いつもなら土曜日でも朝9時までには起きて、洗濯機を回すくらいのことはするんですけど、今日は昼過ぎまで寝ていて、ここに来るのがやっとでした」
② 〈ああ、何もする気が起きないような感じだった〉
「ええ」
③ 〈それでもここへは頑張って来られたんですね〉
「（頷く）」
④ 〈今日は特に、というのは、きっかけとなるようなことが何かあった

のでしょうか〉

```
①の意図


②の意図


③の意図


④の意図
```

　「今日は特に気分が落ち込んでいて」と聞くと、"今日は特に、というのはどうしてかな、何かあったのかな"と疑問に思い、落ち込みの理由を明らかにしたくなります。しかし、〈どうしてですか〉と尋ねるのは、単刀直入すぎて不躾な印象を与えます。そこで、クライエントが話しやすくなるように応答を工夫して、少しずつ話を深めていきます。

ワーク113の解答例
　まずは、1つひとつの応答の意図を考えます。
　①状態像を把握しようとしています。いつもはどうで、今日はどうなのでしょうか。
　②クライエントの答えには、「ここに来るのがやっとでした」という感情が含まれていました。ですからそれを受け止めたことを伝え返そうとしています。ここではクライエントの言葉をただ繰り返すのではなく、「何もする気が起きないような感じだった」と、カウンセラーの言葉に置き換えています。
　③何もする気が起きないほどだったにもかかわらず夕方にカウンセリングに来られたのですから、そのことを労おうとしています。
　④③に対してクライエントは頷きました。カウンセラーが今日の状態の辛さを受け止めたことがクライエントに伝わったようです。そこで、次の質問に進

みます。今日特に落ち込んだ状態になったのは何かきっかけがあったのか、を探っていくのがこの質問の意図です。きっかけがある場合とない場合では意味合いが異なるからです。

さて、①〜④の流れの中でカウンセラーが抱いていた応答の組み立ての意図を考えてみましょう。「今日は特に気分が落ち込んでいて」という発言を聞いて、カウンセラーの心には①と④の質問が同時に思い浮かんでいました。どちらもアセスメントとして尋ねたい項目ですが、どちらを先に尋ねるか。このカウンセラーは、"今の状態がわからないことにはきっかけを聞いてもそれがどう影響しているのかつかみにくいだろう"と考え、④よりも①を先に聞きました。では、①への回答があった後、すぐに④の質問をするのはどうでしょうか。それはカウンセラーが"聞きたいことを聞こう"と焦りすぎているように思います。②と③の応答を入れて、クライエントの発言、それに含まれる気持ちを一旦しっかりと受け止めてから先に進むほうがよいでしょう。カウンセリングは、このやりとりのように、「事実関係が明らかになるから思いが表れやすくなる」という側面と「思いが受け止められるからこそ事実関係が明らかになってくる」という側面が、循環的に進んでいくものです。

ワーク114
質問した後の答えを想定してその次の応答を準備するワーク（ワーク113の続き）

〔事例26〕
〈今日は特に、というのは、何かきっかけとなるようなことがあったのでしょうか〉

カウンセラーが最後にこう尋ねたのに対し、クライエントが例えば次のような答えを返してくることが想定されます。それぞれ、カウンセラーとしてその答えをどう受け止め、何を考え、次の一言としてどのような言

葉を発するかを考えてください。
①「実は昨日、嫌なことがあって」
②「特に何かがあったわけではないんですが、昨晩昔のことをあれこれ考えていて」
③「いえ、特に何があったというわけではありません」

ワーク114の解答例

①昨日きっかけとなる嫌な出来事があったのであれば、〈その出来事について詳しく伺ってもよろしいですか〉と尋ねて、話を聞いていきます。その中で辛かったという思いが語られるのであれば、それを聞き、共感できることであれば〈ああ、それは確かに辛いことでしたね〉と共感を返します。出来事を詳細に聞くことは、クライエントの気分の落ち込みの心理的メカニズムを理解するのにおそらく役立つでしょう。

②心に引っかかっているのは最近の出来事ではなく、過去のことのようです。これも過去のエピソードについて尋ねてみます。

〈昔のこと？〉

「ええ」

〈どんなことか聞かせていただいてもよろしいですか〉

③きっかけがなかったと言うのであれば、〈特にきっかけがあったわけではないのに、何でしょうね〉と尋ねてみます。疑問を共有する感覚です。生物学的要因が作用しているのでしょうか。それとも、何かがあったのに言いたくなくて隠しているのでしょうか。あるいは、実は辛いことがあるにはあったが、今日の落ち込みとのつながりを感じられていないのでしょうか。

一連の流れの中で応答を組み立てることについて、別の例を挙げます。

> **ワーク115**
>
> ## 応答の組み立ての意図を考えるワーク②
>
> 　クライエントが「実は、私の母は４年前に自殺していまして」と打ち明けました。一通り話を聞いたところで、その回は残り時間が少なくなりました。カウンセラーは順に次のような応答をしました。それぞれの応答に込められたカウンセラーの意図を考えてください。
> ①〈今日は大切な話をしてくださいました。よく話してくださいましたね〉
> ②〈話してみられて、今どんなお気持ちですか〉
> ③〈時間が来てしまったので、話し足りないことがあるかもしれません。話したくなったらまた話してくださいね〉
> ④〈もし次回までに辛くなっても、次がありますから。次回にお話を聞かせてください〉

　親の自殺の話が打ち明けられたのですから、そのまま「時間ですので終わりましょう」と言って終わるわけにはいきません。終わりの時間までにカウンセラーとしてどう受け止めたかを少しでも伝え返しましょう。

ワーク115の解答例

　①打ち明けたことをクライエント自身が肯定的にとらえられるように、打ち明けてくれたことを労い、受け止める態度を示しています。
　②クライエントに打ち明けた後の気持ちを語ってもらうとともに、動揺の度合いをアセスメントしています。余裕があるようなら、その気持ちを今ここで味わってもらうこともできます。

③話が途中になってしまった可能性、話し足りなかった可能性について触れ、次につなげようとしています。

④話した後、例えば家に帰ってから寂しさの感情が湧き上がってくるようなことがあり得ます。しかし、そうなった場合でも次回に話を聞くから大丈夫であるとあらかじめ伝えて保証し、安心してもらおうとしています。

たとえ短い時間の中でも、今伝える必要のあることは何かを考えて、自分の頭の中で箇条書きにし、その順番を組み立てて伝えていきます。そして、次の回にはこう尋ねましょう。

〈前回お話しされた後、辛くなることはありませんでしたか〉

もう1つ、前著『見立てと方針』のワーク23と24の続きをしましょう。

ワーク116
応答の組み立ての意図を考えるワーク③
（ワーク23，24の続き）

成育歴を尋ねていたら「23歳で大学を卒業した」という発言がありました。それを受けて対話は次のように進んでいきました。①～③のカウンセラーの応答の意図を流れの中で考えてください。

① 〈先ほど、23歳で大学を卒業して、とおっしゃいましたが、1年間は何か……？　伺ってもよろしいですか？〉
「大学時代に1年留年したんです」
② 〈ああ、そうだったんですね。何か事情が？〉
「まじめに勉強していたつもりだったんですけど、4年間で卒業単位が揃わなくて」
③ 〈自分ではまじめに勉強していたつもりだったけど、卒業単位が揃わなかった〉

「はい」

ワーク116の解答例

①留年の可能性もありますが、**ワーク23**で検討したように他にもさまざまな可能性が考えられます。〈留年ですか？〉とは決めつけみたいになるので聞けません。触れられたくない人もいるでしょうから、〈１年間は何か……？〉と敢えてざっくりとした尋ね方をしています。最後の〈伺ってもよろしいですか？〉は、配慮を伝えるものです。

②クライエントの答えは、「大学時代に１年留年したんです」でした。カウンセラーはその答えを〈ああ、そうだったんですね〉と一旦受け止めます。同時に、留年した理由が新たな疑問として浮かびますから、考えられる可能性を頭の中に複数思い浮かべます（これについては**ワーク24**で検討しました）。しかし、聞いてみなければわかりませんので、〈何か事情が？〉とこれもまたざっくりと尋ねています。

③クライエントの答えを受けて、カウンセラーはそれを復唱し、受け止めています。同時にその答えをこの後の展開にどうつなげていくかを考えています。「まじめに勉強していたつもりだったんですけど、４年間で卒業単位が揃わなくて」という発言にどう引っかかり、どのような言葉で取り上げていけばよいか。次のワークで考えましょう。

ワーク117
応答の組み立ての意図を考えるワーク④
（ワーク116の続き）

「まじめに勉強していたつもりだったんですけど、４年間で卒業単位が揃わなくて」
〈自分ではまじめに勉強していたつもりだったけど、卒業単位が揃わなか

った〉
「はい」

　このクライエントの発言を受けて、この後、どのような意図を持って対話を進めていきますか。カウンセラーの応答の可能性をセリフの形で複数挙げてください。

ワーク117の解答例
　この時点で、2つの方向が考えられます。「まじめに勉強していたつもりだったんですけど」という部分を取り上げる方向と、「卒業単位が揃わなかった」という事実をもう少し詳細に尋ねる方向です。対話の形で示します。

〔対話2-2〕
　事実関係がわかるほうが気持ちを聞いていきやすいので、ここでは後者から取り上げてみます。留年といっても、残っている単位数がどれくらいだったのかによって事情は変わってきます。そこでまずは足りなかった単位数を尋ねてみます。
〈4年間を終えた時点で何単位残っていたのですか〉
「4単位」
〈ああ、それならあとちょっとだったんですね〉（受け止める）
「ええ」
　続いて、「自分ではまじめに勉強していたつもりだったんですけど」のほうを取り上げます。

〈まじめに勉強していたのに、どうしてでしょうね。何か思い当たることはありますか〉
「うーん、要領が悪いのかな」
　この後は、このクライエントが言う要領の悪さについて話していくことになるでしょう。

　この章では、一連の流れの中で意図を持って応答を組み立てながら対話を進めていくことについて考えてきました。章の冒頭に書いたように、これができるようになることが「本書の到達点」です。次章からは、そこに至るまでのプロセスを段階を追って詳しく見ていくことにしましょう。

第3章

事実関係を尋ねる

この章では、事実関係を確認する質問について考えます。クライエントの話を聞いていると、事実関係についての疑問が次々と浮かんできます。それがクライエントの自由な語りの中で自然と明らかになるのであれば、殊更に質問する必要はありませんが、アセスメントのために必要な疑問を抱きながら、それがなかなか語られない場合は放っておかずに尋ねなければなりません。また、自ら話すのが苦手で、どこから話せばよいかわからないと不安を抱くクライエントであれば、質問によって話を引き出してもらうほうが話しやすいと感じることもあります。あるいは、的確な質問をされるということを、関心を持って聞いてもらえている証だと受け取って、安心するクライエントもおられるでしょう。さらには、質問されるだけで新たな気づきが得られることもあります。クライエントはカウンセラーに問われたことを自らに問いかけます。すると、クライエント自身曖昧だったところがはっきりして理解が深まり、気づきを得ることにつながるのでしょう。事実関係を確認する質問の意義を表3-1にまとめました。

表3-1　カウンセリングにおいて事実関係を確認する質問の意義

- カウンセラーがクライエントについて理解を深める
- 話すのが苦手なクライエントにとっては、質問してもらうほうが話しやすい
- 関心を持って聞いてもらえているという確認ができる
- 質問されることでクライエントが新たな気づきを得る

　カウンセリングを学び始めた人が行ったロールプレイの中で次のような対話がなされました。クライエントは大学4年生の学生という設定です。

〔対話3-1〕
「2つの会社から内定をもらって迷っているんです」
〈ああ、それは迷いますねえ、不安ですねえ〉
「？（怪訝そうな表情）」

カウンセリングにおいて共感は大切です。しかし、〈不安ですねえ、大変ですねえ〉と言いさえすれば共感になるというわけではありません。『Q&A』105には、「事実関係の質問はしてはいけないことはないし、聞かないと実際の様子はわかりません。心理療法における話は具体的なほうがよいと言えます。具体性の中に心が現れるからです。（中略）また、情報を得ることで見立てが変わってきます」と書きました。共感とは一言で言えば、相手の身になって理解することです。相手の身に実際に起きていることに関する情報を全く得ずに、共感ができるはずはありません。とはいえ、事実関係を尋ねるにしても、クライエントの話のどこをどう取り上げて、どんな意図を持ってどのような言葉で訊くかについては、工夫や配慮が要るはずです。ワークに進みましょう。

ワーク118

事実関係を具体的に尋ねるワーク①

　大学4年の学生が「2つの会社から内定をもらって迷っているんです」という主訴で来談しました。

「2つの会社から内定をもらって迷っているんです」
〈2つの会社から内定をもらって迷っている〉
「はい」
〈もう少し詳しく説明してもらえますか〉
「1社は2週間ほど前に内定をもらったのですが、一昨日になってもう1社からも連絡をもらって、どうしようかと思って」

　クライエントの最後の発言を受けて、この後の話の方向性を考えながら、事実関係を尋ねる質問をセリフの形で書いてください。

ワーク118の解答例
〈2つの会社というのはそれぞれどんなところか、教えてもらえますか〉

　この質問の少し先にある、小さなゴール地点はどこでしょうか。それは、どういう点で「迷っている」のかを明らかにすることです。2つの会社がそれぞれどういうところかがわからないことには、比較検討を進めることは難しいでしょう。ですからこの後、どんな仕事内容か、どんな労働条件か、それによって現在の生活がどのように変わるか、やりがいを感じるのはどちらかなどをさらに聞いていきます。そうやって事実関係が語られる中で、なかなか簡単に片方に決められない事情が見えてくるはずです。そうなればおそらく、〈それは確かに迷いますねえ〉という共感の言葉が自然と出てくるでしょう。その後は一緒に"出口"を探していくことになります。

　"カウンセリングでは傾聴が大切だ"と言うとき、その傾聴には情報を集めることが含まれています。"自然と出てくる話以外は聞いてはいけない"ことはありません。必要な情報は尋ねましょう。尋ねもせずに「このクライエントはこういう人だ」と勝手に理解して終わりとならないようにしなければなりません。カウンセリングは、ワンウェイミラーのこちら側に身を置き、クライエントを一方的に観察してアセスメントをする作業ではなく、やりとりの中で双方が理解を深めていくものです。

　この章で取り組むことは、『見立てと方針』で言えば、ステップ1「情報を集める」とステップ2「曖昧な情報を明確化する」に対応しています。情報を集めるには、例えば〈どういうことが起きているか、もう少し詳しくお話しいただけますか〉のような言い方もありますが、いつも〈もう少し詳しく〉では芸がありませんから工夫が必要です。すでに得られた情報を使って次の質問を考

えると、対話に流れが生まれます。例えばこんな言い方です。

〈先ほどの話でパニック発作とおっしゃいましたが、例えばどこでどんなふうになったことがあるか教えていただけますか〉

〈中学受験をしたとおっしゃいましたが、それはご自身の希望で？　それとも親の希望ですか〉

〈それは先ほどおっしゃった出来事よりも前のことですか〉

ワーク101に続いて、計算のワークをもう1つ。

ワーク119

事実関係を具体的に尋ねるワーク②

クライエントは48歳の女性。インテークの中で、「17年間勤めた会社を5年前に退職して」という発言がありました。この発言の中には、このクライエントのキャリアに関する節目が少なくとも2カ所あります。何歳で就職して何歳で退職したのかを計算し、事実関係を明らかにするために尋ねるべき質問をセリフの形で考えてください。

計算すると次のようになります。

・26歳　入社
・43歳　退職

このように計算をすることで、①入社以前、②在職中、③退職してから現在まで、④これから、の4つの時期に分けて話を聞いていこうという心構えができると思います。また、その節目自体についても尋ねてみます。

ワーク119の解答例
- 〈ということは、その会社に入られたのは26歳のことですね。それまでは何をされていたのですか〉

　この会社は1つ目の会社でしょうか。例えば3社目であれば、26歳までの転職の歴史についていずれは尋ねることになるでしょう。最終学歴も絡んできます。高卒、短大卒、専門学校卒、大卒、大学院卒、あるいは大卒後に専門学校に通ったという人もいます。また、卒業までに要した年数という要素もあります。

- 〈その会社に入られた経緯を教えていただけますか〉
- 〈17年間勤めておられたのですね。その会社ではどんなお仕事をされていたのでしょうか〉
- 〈5年前ということは43歳のときに退職されたのですね。それはどういう理由からでしょうか〉
- 〈現在はどのような生活をしておられるのですか〉
- 〈今は48歳でいらして。これからは、どのような生活を送ろうと考えておられますか〉

　再就職は考えているのでしょうか。そのための活動をすでに始めているでしょうか。あるいは何か別の形で、新たな生活を送ることを模索しておられるのでしょうか？

　第2章では流れの意図について取り上げました。この解答例では、尋ねる順序は考慮していません。どういう順に聞いていくと無理がないか、考えてみてください。

ワーク120

状態像の査定のための質問のワーク①

〔事例27〕

　クライエントは40代前半の男性Qさん。下の対話を読んで、この後Qさんの状態像を査定するための質問をいくつか考え、表の左の欄に書き入れてください。実際に口に出して言える質問の形にするのがポイントです。さらに、その質問をする意図、狙いについて右の欄に書いてください。

「夜、なかなか寝つけなくて」
〈夜、なかなか寝つけない〉
「ええ。夜10時には床に就くんですけど、気がついたら12時を回っていることがよくあって」
〈ああ、12時を回ることがよくあるんですね〉
「そうなんです」

状態像を尋ねる質問	その意図

ワーク120の解答例

ここでは8つの質問を挙げておきます。他にもあるはずです。

状態像を尋ねる質問	その意図
①〈起きるのは何時ですか〉	睡眠時間がわかり、睡眠不足の程度を推測できます。
②〈起きたとき、よく眠れたという感覚はありますか〉	睡眠時間の長さだけではなく、主観的な熟睡感を査定します。
③〈いつから始まったのですか〉	現在の状態がどれだけ長く続いているのかを査定します。長く続いているとその分辛さが増しているかもしれません。
④〈寝つけない間、どう過ごしておられるのですか〉	クライエントなりの対処法を知ろうとしています。対処法の例：グルグルと考え事をしている／静かな音楽をかける／いっそのこと起き出して何かを始める／寝酒を飲む／睡眠薬を飲む
⑤〈寝るときは家の中のどこで誰と寝ておられるのですか〉	睡眠の習慣について尋ねます。同居家族がいるのであれば、家族関係の査定にもつながります。例えば、誰かと一緒に寝ることは安心感につながるでしょうか、それとも気を遣うのでしょうか。
⑥〈住んでおられるところは静かなところですか〉	居住環境の影響を査定します。騒音や明るさ、隣近所や（共同住宅であれば）上の階の物音が気になるか、など。
⑦〈(寝不足だとして) 寝不足のために昼間の活動で困ったことは起きていますか〉	社会生活への影響を査定します。職場での活動、車の運転など。
⑧〈寝つけなくなったのは何かきっかけがあったのでしょうか〉	寝つきにくいことの背景に生活上の出来事や心配の種が関わっている可能性を確認します。

こうしたことをQさんが自発的に語っていくのであれば、まずは傾聴し、出て来なかったことだけこちらから尋ねればよいわけです。Qさんはどれくらい自発的に語るでしょうか。

ワーク121

状態像の査定のための質問のワーク②
（ワーク120の続き）

[事例27]

　Qさんとの対話は、次のように続きました。ワーク120の解答例の表の①〜⑧のうちどれが明らかになったかを考えてください。また、まだ曖昧な点や新たに出てきた情報を受けてさらに状態像を尋ねる質問を考えてください。

「夜、なかなか寝つけなくて」
〈夜、なかなか寝つけない〉
「ええ。夜10時には床に就くんですけど、気がついたら12時を回っていることがよくあって」
〈ああ、12時を回ることがよくあるんですね〉
「そうなんです。職場が遠くて5時には起きないといけないので、眠れないと仕事中ずっと辛くて……」

ワーク121の解答例

　①の起床時間については5時だということがわかりました。また、⑦について、少なくとも仕事上の影響があるということがわかりました。しかし、どのような影響がどの程度出ているかまではまだわかりません。仕事への影響を聞

くためには、仕事の内容を訊いてみる必要があるでしょう。また、仕事中の辛さについてはまだ具体的に聞けていませんので、それも尋ねてみましょう。
〈お仕事はどんなことをなさっておられるのですか〉
〈辛いとおっしゃいましたが、具体的に言うとどんなふうに辛いですか〉
これで、Qさんの仕事ぶりがいくらかイメージできるようになります。
さて、Qさんから新たな情報として、「職場が遠くて」という自宅と職場の距離の話が出てきました。通勤に要する時間や通勤手段について尋ねることが自然にできそうなタイミングです。
〈職場が遠いとおっしゃいましたが、通勤にはどれくらい時間がかかるのですか〉
〈車で？　それとも電車ですか〉
これによって通勤のストレスを具体的にイメージしながら聞くことができます。

クライエントがあまり自発的に多くを語らない場合はどうすればよいでしょうか。別の事例で考えましょう。

ワーク122
事実関係を具体的に尋ねるワーク③

〔事例28〕
クライエントは20代の女性Rさん。インテークでRさんは「職場に居場所がない」という主訴を最初に語りました。カウンセラーはともかく聞こうと考えて話を向けます。

〈もう少し詳しくお話しいただけますか〉
「……あのー、どこから話せばよいか」
〈どこからでもかまいませんよ〉

「うーん」
Rさんは自分から話をするのがあまり得意ではない様子です。
〈こちらから質問するほうが話しやすいですか〉
「……（ためらいがちに）そう、ですね」
〈わかりました。ではいくつかこちらからお聞きしましょう〉

ここで〈居場所がないというのは、どこからそう思われるのでしょうか〉といきなり尋ねても「どこからと言われても……」となる可能性が高そうです。まずは事実関係を具体的に尋ねて、徐々にその感覚に近づいていきましょう。職場や職務に関して事実関係を尋ねる質問をいくつか考え、セリフの形で書いてください。

ワーク122の解答例

個別のセリフではなく、対話形式で書いてみます。

〔対話3-2〕
〈職場に居場所がないということでしたので、まずは職場について伺ってもよろしいですか〉
「はい」
〈どんなところにお勤めなのでしょうか〉
「一般企業で社内研修担当の仕事をしています」
〈会社の規模はどれくらいですか〉
「わりと大きいところで……教育関連の会社で、全国に支社が4つあって、私

は支社の1つにいます」

〈そうですか。その中の研修担当の部署におられる。同じ部署には何人くらいの方がおられるんでしょうか〉

「6人です。係長と主任と私と、あと3人」

〈6人おられるんですね。ご自分のデスクがあって〉

「そうです。駅前にあるオフィスビルの大きなワンフロアなんですけど、デスクは6人で1つの島になっていて」

〈ああ、そうなんですね。Rさんは、今の部署にはどれくらいの期間おられるんですか〉

「今の部署は半年ほど」

〈その前は？〉

「入社して2年ほどは営業事務をしていました」

〈なるほど〉

ここまででRさんの職場環境をある程度「映像」として思い浮かべながら聞けるようになりました。新たな疑問も湧いてきましたが、それは追々尋ねていくことにして、居場所がないという感覚をここでひとまず話題にしてみます。

〈で、「居場所がない」というのは、前の部署でも感じておられたんでしょうか。それとも今の部署に移られてからですか〉

この後、現在の部署内の人間関係の話が出てくるなら、どこに誰が座っているかを図に描きながら、他のメンバーがどんな人かを具体的に尋ねていくのも1つの方法です。

Rさんの事例を続けましょう。

ワーク123

事実関係を具体的に尋ねるワーク④
(ワーク122の続き)

[事例28]（続き）
Rさんは2回目の面接で成育歴について新たな事実を語りました。

「小5になるときに転校して……誰にも言わないでくださいね、実は、それから小学校を卒業するまで、ずっといじめられていたんです」
〈いじめられていた〉
「はい」
〈小5から卒業まで、ということは2年間?〉
「そうです」

この後、事実確認のためにどんな質問をするか、できるだけたくさんセリフの形で書いてください。

　いじめの事実をどのように聞いていくかです。1つには転校がいじめとどう関わっているかという疑問が湧きます。転校といっても、隣の校区に引っ越して、習い事や塾では前の学校の友人と一緒になるという形もあれば、全く違う地方に引っ越し、言葉も文化も違ってかなり戸惑うという形もあります。転校のタイミングは小5になるときでしたが、これはRさんにとってどんなインパクトがあったのでしょうか。転校の理由にしても、親の転勤もあれば、親の離

婚、あるいは経済的に困窮して逃げるように引っ越したということもあります。

　受けたいじめは、どのようなものだったのでしょう。身体的暴力か、言葉の暴力か、無視か。クラスのほぼ全員からか、それとも特定の何人かからか。いじめられている間どうやって過ごしていたのでしょうか。自分一人で耐えていたのでしょうか。先生は支えになってくれたのでしょうか。親には言えたでしょうか。言ったら親は守ってくれたでしょうか。卒業とともに収まったのはどうしてでしょうか。中学校は地元の公立でしょうか、それともいじめから逃れるために私立にしたのでしょうか。こうした疑問をセリフの形にしてみましょう。

ワーク123の解答例

〈引っ越す前はどこに住んでおられたんですか〉
〈いじめって、どんなことをされたのか、伺ってもよろしいですか〉
〈2年もの間、どうやって過ごしておられたのでしょう。誰かに相談されましたか〉
〈中学生になったら収まったのですか〉
他には？

　「いじめられた子は一般にこうだ」という知識に基づいてわかったような気になるのではなく、こうしたことを具体的に聞いていくことで初めて、このクライエントが抱える個別の心の苦しみに共感できるようになるのだということを忘れないようにしましょう。いじめられたことによる心の苦しみを受け止めた後は、現在の職場での居場所のなさと、過去のいじめられ体験とのつながりについて理解を深めていくことになるでしょう。

クライエントに負荷がかかりそうな質問をするとき

　ところで、いじめの中身を尋ねることに躊躇を覚える人がいるかもしれません。クライエントを傷つけてしまったらどうしよう、それで関係が崩れたらどうしようとカウンセラーが不安を覚えるのはわからないではありません。しかし、クライエントが触れてほしくて勇気を出して話し始めたのであれば、しっ

かりと丁寧に触れることが支えになるはずです。カウンセラーが取り上げてくれなければ、そのことに傷つくことだってあるでしょう。確かに、クライエントに負荷がかかりそうな質問をする際には、質問されること自体が負担に感じられる可能性を意識し、配慮することが必要です。しかし、配慮しながら訊けば訊けることもあるものです。ではどのような配慮をすればよいか、ポイントをまとめておきます。

　1つは訊くときに配慮の言葉を添えることです。例えば〈いじめられていた頃について伺ってもよろしいですか〉〈差支えなければ、いじめのことをお話しいただけますか〉という言い方で配慮を伝えます。ただ、毎回この言い方を繰り返すわけにもいかないでしょう。そうした言葉だけでなく、全体として温かい雰囲気を作ることが大切です。「このカウンセラーは私のことを好意的に温かく見てくれている」という感覚が得られれば安心して話せます。クライエントが語った言葉を温かく受け止める言葉を挟むのも1つです。それについては次章で取り上げます。

　腫れ物に触るように訊くのはよい配慮とは言えません。『Q&A』119にあるように「触れるときはしっかりと触れる」ことです。訊く必要があるからこそ訊くのですから、堂々と訊けばよいのです。腫れ物に触るように、迂遠で曖昧な訊き方をしたのでは質問の意図が伝わらず、クライエントが怪訝そうな顔をするかもしれませんし、カウンセラーの器の小ささを感じて「この話はしないほうがいいのかな」と不安になることもあるでしょう。カウンセラーの「不安」と「配慮」は区別すべきです。〈差支えなければ、いじめのことをお話しいただけますか〉という応答は、配慮しながらもストレートに問う言い方です。

　こうした質問をするときに「（クライエントに）負荷をかける」という表現をする人もいますが、負荷実験ではないので、私はこの表現には違和感を覚えます。負荷は「かける」ものではなく、必要なことを尋ね、話を深めるために不可避に「かかる」ものであり、その負荷は可能な限り小さいほうがよいと言えます。クライエントが負荷にどの程度耐えられるかを査定しながら対話を進めることは大切ですが、査定のために敢えて必要以上に負荷をかけるわけではありません。

　いじめの中身についてどこまで話せるかは人によりますが、Rさんの場合、い

じめの話はクライエントが自分から切り出したことです。クライエントのほうから「実は…」と思い切って話し始めた場合は、少なくともある程度までは話したいと思っていることが想像されます。何も聞かないのではなく聞けるところまで聞いてみたらよいのです。前著『見立てと方針』のワーク7の〔事例3〕を思い出してみましょう。「クライエントCさん自身も27歳のときに夫の浮気が原因で離婚していることがわかりました」とありましたが、Cさんは離婚のことを問われずとも自発的に口に出したのでしょうか。それとも夫のことを尋ねられて隠せないと思い、しぶしぶ打ち明けたのでしょうか。もし自発的に口に出したことであるなら、さらに聞いていけばよいと思います。しぶしぶであれば、より慎重に聞いていきます。さらに言えば、自発的にではあっても、50分間の面接のどの辺りで自身の離婚のことを切り出したのでしょうか。今日はこの話をするぞと思って来られ、面接の最初に話されたのでしょうか。それとも、迷いを持ちながら最後のほうでようやく口を開いたのでしょうか。そこには違いがあるはずです。

　質問の意図をあらかじめ説明した上で質問するという配慮の仕方もあります。これも前著のワーク25ですが、そこでは「おばあちゃんというのは、父方、母方、どちらでしょうか」と尋ねたら、クライエントから「どうしてですか」と理由を聞き返されたというワークをしました。質問する際に意図をあらかじめ説明しておけば、聞き返されることはなかったでしょう。例えば、〈それに関連して、前から伺いたかったんですが、その同居しているおばあちゃんというのは父方、母方、どちらですか。というのは、イメージしながらお話を伺うときにどちらを思い浮かべていたらいいのかなと思いまして〉といった言い方です。クライエントは「ああ、確かに。母方です。まだお伝えしていませんでしたね」と答えてくれるかもしれません。質問の意図を伝えながら尋ねれば、質問に対する防衛的な態度は和らぎます。このことはワーク103ですでに述べました。

　また、言葉の選択にも配慮が必要です。例えば、既婚者に家族の構成について尋ねる際、子どもがいない夫婦のことも考えれば、「お子さんはおられますか」よりも、「ご家族は何人ですか」のほうがより中立的な訊き方でしょう。あるいは、精神科クリニックに通って薬物療法を受けているクライエントに対して〈薬は飲んでいますか〉と尋ねるのは、端から疑われている気がして嫌がる

クライエントもいるでしょうから、〈薬は効いていますか〉〈薬の効果は感じておられますか〉と尋ねるほうがより柔らかい言い方だと思います。薬を飲むことに抵抗があるといった話がすでに出ているのであれば、〈実際のところ、薬は飲んでおられるのですか〉と尋ねるのはむしろ自然なことでしょうが。服薬心理の話については、『Q&A』91,92も参照してください。

　クライエントが自発的に話し出したことであっても、訊かれて答えている場合であっても、クライエントがこれ以上は語りたくないというサインを出していないかを敏感に察知して、見逃さないようにしましょう。例えば、質問に対して戸惑った表情を見せるとか、「うーん」と言葉にするのを躊躇する様子を見せるといった場合には、〈そこまではまだ言いにくいですか〉と尋ねてみて、言いたくないようなら無理はしないことです。クライエントが話してもよいと思う範囲で聞くわけです。そうすれば、「探られたくないことを根掘り葉掘り聞かれた」という否定的な感情を持たれずに済むでしょう。場合によっては、〈そのことは今のあなたの状態に関わっていそうだから、もう少し伺いたいのですが、言いたくないと思ったら無理せずに、"これ以上はちょっと"とか言ってくださったらいいですよ〉と断りを入れることもできます。傷つけるのが目的ではないというこちらの意図をあらかじめ伝えるわけです。

　あるインテークで弟のことを尋ねた途端に表情が強張って、「何か関係あるんですか」と鋭い目つきで言ってきたクライエントがいました。

〈弟さんのことはあまり話したくありませんか〉
「関係ない」
〈わかりました。ではやめておきましょう〉

　弟との関係で何か語りたくないことがありそうですので、無理はせず、一旦引き下がります。そして、いつかこのときのことを話題にできるかもしれないと思っておきます。やがてクライエントのほうから弟に対する思いが語られるようになったら、〈最初の回で私が弟さんのことを尋ねたとき、"関係ない"と言って話したがらなかったことが印象に残っています。弟さんに対してどんな感情を持っておられるのかと思っていたんです〉と振り返ることもできます。

クライエントに負荷がかかりそうな質問をする際に必要な配慮を表3-2にまとめておきます。

表3-2　クライエントに負荷がかかりそうな質問をする際の配慮

- 配慮の言葉を添える
- 全体として温かい雰囲気を作る
- 訊くのであれば明瞭に訊く
- クライエントが負荷に耐えられる程度をアセスメントしつつ、負荷が最小になるように努める
- 自発的に語られたことは聞いていく
- 質問の意図をあらかじめ説明する
- 適切な言葉を選ぶ
- これ以上は語りたくないというサインを見逃さない
- 無理はしなくてよいとあらかじめ伝えておく

第**4**章

思いを受け止める

前章では事実関係を尋ねる質問について取り上げました。**ワーク120**では、アセスメントのために必要な質問を複数考えましたが、もしそれを次々に聞いていったらどうなる可能性があるでしょうか。次の対話を見てください。

〔対話4－1〕
「夜、なかなか寝つけなくて」
〈夜、なかなか寝つけない〉
「ええ。夜10時には床に就くんですけど、なかなか寝られなくて、気がついたら12時を回っていることがよくあって」
〈起きるのは何時ですか〉
「5時です」
〈起きたとき、よく眠れたという感覚はありますか〉
「ほとんどないです」
〈いつから始まったのですか〉
「3ヵ月くらい前でしょうか」
〈寝つけなくなったのは何かきっかけがあったのでしょうか〉
「いえ、特に思い当たりません」
〈寝つけない間、どう過ごしておられるのですか〉
「布団をかぶって目を閉じていることが多いですが、いろいろ考えてしまって」
〈……（質問が尽きて、次が思いつかない）……〉
「……（次の質問を待っている）……」

　クライエントは次の質問を待つようになり、自ら語ろうとしなくなってきています。一方のカウンセラーは次々と質問を思いついていかねばならなくなり、行き詰まっています。この対話は、「カウンセラーが質問する人、クライエントは答える人という図式」（『Q&A』96）に陥っているようです。状態像の把握のために質問を複数思いついて流れの中で尋ねていくことは必要なことですが、それは何もカウンセラーのペースで矢継ぎ早に尋ねていくということではありません。こうした図式に陥らないようにするためには、出てきた話を一旦受け

止めることです。質問し、それに対する答えが返ってきて、さらに次の質問をする場合、すぐにではなく一旦クライエントの言葉を受け止める応答を入れ、クライエントから何か話し始めるかどうかを見極めます。受け止められることでクライエントはカウンセラーの温かみを感じることでしょう。カウンセリングには温かみが必要なのです。

医療機関に勤める心理士が初診前に患者と面談し、あらかじめ用意された質問を短時間で順に尋ねていって必要な情報を集め、「事前資料」を医師に渡す役割を取ることがあります。その場合は職務遂行上、おそらく"短時間でテキパキと"が望まれるでしょう。それはいわゆるカウンセリングとは異なる役割ではありますが、それでも心理士である以上はテキパキだけでなく、思いを受け止める温かみを忘れないようにしたいものです。

受け止める応答のワークをしましょう。

ワーク124

クライエントの発言を受け止めるワーク

〔事例27〕

次の対話では、カウンセラーはQさんから出てきた話を受け止める応答を入れながら進めています。

「夜、なかなか寝つけなくて」
〈夜、なかなか寝つけない〉（受け止める応答）
「ええ。夜10時には床に就くんですけど、なかなか寝られなくて、気がついたら12時を回っていることがよくあって」
〈ああ、12時を回ることがよくあるんですね〉（受け止める応答）
「そうなんです」
〈起きるのは何時ですか〉
「5時です」

第4章　思いを受け止める

最後のQさんの発言に対しても受け止める応答を考えてセリフの形で書いてください。短い応答でかまいません。

　この対話で何が起きているのかを考えてみましょう。カウンセラーは〈夜、なかなか寝つけない〉とQさんの発言を受け止める1回目の応答をしています。そして、ほんの一瞬だと思われますが、Qさんが次に発言するのを待っています。すると、Qさんは話し始めました。カウンセラーはそれを聞き、〈ああ、12時を回ることがよくあるんですね〉と2回目の受け止める応答をしています。Qさんが「そうなんです」と言ったのは、おそらく受け止めてもらえたと感じているからでしょう。それを受けてカウンセラーは〈起きるのは何時ですか〉という質問に進んでいます。質問をする場合、「クライエントの前の発言を一旦受け止めてから質問に移り、答えが返ってきたらそれを一旦受け止める」ということです。では、最後のQさんの答えを受け止める応答として何と言えばよいでしょうか。

ワーク124の解答例
〈5時ですか。早いですね〉

　Qさんは「早い」とは言っていません。朝5時の起床が早いかどうかは人によって違うでしょうから、〈5時ですか〉だけを返す方法もあります。しかし、Qさんがその早さを伝えたがっているように感じられるのであれば、こう返したらよいと思います。事実の受け止めに加えて、思いの受け止めをしようとしていると言ってもよいでしょう。
　クライエントの思いは、自発的に、あるいは質問に答える形で語られます。また、明確には語られないものの、語られた内容から間接的に推測される場合、

発話ではなく表情や姿勢、振る舞いで伝えられる場合もあります。いずれにしてもカウンセリングでは思いを受け止めることが重要です。思いが受け止められることは、人が変わっていくための必要条件であると言っても過言ではありません。

次の対話では、Qさんはもう少し自発的に思いを語っています。語られた思いをどう受け止めるかを考えましょう。

ワーク125

語られた思いを温かく受け止めるワーク①

〔事例27〕

Qさんは、最後に、自らの思いを「辛い」と表現しました。その辛さを受け止める応答を考えてください。

「夜、なかなか寝つけなくて」
〈夜、なかなか寝つけない〉
「ええ。夜10時には床に就くんですけど、なかなか寝られなくて、気がついたら12時を回っていることがよくあって」
〈12時を回っていることがよくあるんですね〉
「そうなんです。職場が遠くて5時には起きないといけないので、眠れないと仕事中辛くて……」

カウンセラーはQさんの言葉をなぞるように繰り返していきました。すると、眠れないことの影響が自発的に語られ、気持ちを「辛い」と表現しました。
　クライエントに事実関係だけでなく思いを語ってもらうには、①クライエントの言葉をそのままなぞると自然に出てくる、②事実関係を具体的に尋ねると自然に出てくる、③思いを直接尋ねる、という3つの道筋があります。この対話ではなぞることで思いが語られています。

ワーク125の解答例

〈5時ですか。12時過ぎに眠れたとして5時間もない。それは確かに辛いですね〉

　このように気持ちが語られたのを受けて共感的に返すと、クライエントは話を続けやすくなるでしょうし、気持ちを語りやすくなります。傾聴とは、クライエントが自分の思いを伝えやすくなるように聞いていくことです。
　ここでカウンセラーは、単に〈辛いですね〉と返すのではなく、そこまでのQさんの話を受けて時間を計算し、辛いと感じる理由を示して、それをもっともなことだとする共感的な言葉を伝えています。語られた気持ちを受け止めるには、①語られた気持ちをそのまま伝え返すやり方と、②語られた気持ちをカウンセラーの言葉に置き換えて伝えるやり方がありますが、ここでは②を選んでいます。
　受け止めることは大事、でも、受け止め損ねたら？　それを次に考えましょう。

ワーク126

受け止め損ねたときに修正するワーク

[事例27]
　次の対話はワーク125の対話とは微妙に異なる展開になっています。そう

なった理由を考えてください。

「夜、なかなか寝つけなくて」
〈夜、なかなか寝つけない〉
「ええ。夜10時には床に就くんですけど、なかなか寝られなくて、気がついたら12時を回っていることがよくあって」
〈10時には床に就くけど、12時を回っていることがあるんですね〉
「そう、よくあるんです」
〈よくあるんですね〉
「ええ。職場が遠くて5時には起きないといけないので、眠れないと仕事中辛くて……」

ワーク126の解答例

　この対話では、カウンセラーが2つ目の応答で「よく」を繰り返さなかったことから、クライエントは「よくあるんです」と念を押したのでしょう。クライエントにとっては「よく」が大事なのです。そこで、カウンセラーはその点も受け取りましたという意味で〈よくあるんですね〉と伝え返し、修正しています。

　会話にはズレがつきものです。全くズレないように完璧にと思う必要はありませんし、できることではありません。それはカウンセラーとクライエントが互いに「他者」だからです。クライエントとの会話で少しズレが生じたなと思ったら修正すればよいのです。小さなズレが大きなズレにならないうちに、自らのズレに気づいたら早めに修正しておきましょう。
　クライエントの思いを温かく受け止める応答の練習に戻ります。

ワーク127

語られた思いを温かく受け止めるワーク②

[事例27]
「夜、なかなか寝つけなくて」
〈夜、なかなか寝つけない〉
「ええ。夜10時には床に就くんですけど、なかなか寝られなくて、気がついたら12時を回っていることがよくあって」
〈ああ、12時を回ることがよくあるんですね〉
「そうなんです。職場が遠くて5時には起きないといけないので、眠れないと仕事中辛くて」
〈5時ですか。12時過ぎに眠れたとして5時間もない。それは確かに辛いですね〉
「ええ」
〈目が覚めたときに、眠れたという感覚は？〉
「それはあまりないですね」
〈うんうん〉
「まあ、世の中には睡眠時間が短くても平気という人だっておられるでしょうけど、私の場合はちょっと」

こう発言したQさんの思いを受け止めて、それを受け容れる応答を考えてください。

カウンセラーがクライエントの熟睡感について尋ねたのは、同じ睡眠時間でも熟睡感は異なるのでそれを確認するところにありました。それに対してQさんは「あまりないですね」と答えた後、世の中の他の人のことを引き合いに出して注釈をつけています。「ちょっと」の後ははっきり言いませんが、自分の感じ方がどう思われるかを気にしているようです。クライエントは、自分が話していることが、一般的に受け容れられることなのか、目の前のカウンセラーに受け容れられるのかを気にしながら話すことがあります。クライエントの話に肯定的な関心を向け、クライエントの気持ちを受け容れるのがカウンセラーの基本的態度です。ここでも、Qさんが安心できるように、受容する言葉が必要でしょう。

ワーク127の解答例

〈そういうのは人によって違いますからね〉

　カウンセラーはここで「人によって違うことだから、あなたはあなたでいいんですよ」というメッセージを出しています。
　続きをしましょう。

ワーク128
クライエントの発言を受け止めた上で その後の展開を考えるワーク（ワーク127の続き）

[事例27]
「まあ、世の中には睡眠時間が短くても平気という人だっておられるでしょうけど、私の場合はちょっと」
〈そういうのは人によって違いますからね〉
「ええ。家族も気遣ってくれて、通勤は車なので、気をつけて運転してねと言われています」

家族の話が初めて語られました。家族構成はまだわかりません。まず、この発言を受け止める応答を考えてください。その上で、この後、この流れで家族の話を聞いていくか、それとも家族の話は後回しにするかについて考えてください。

ワーク128の解答例

〈ご家族は気遣ってくださるんですね〉

　応答としては単純に返しています。しかし、心の中では、「家族が気遣ってくれているのはよかった。でも、気遣ってもらうのが逆に心の負担になることもある。Qさんの場合はどうだろう」と考えています。

　家族の話が出てきたので、これを機に家族の話を聞いていく道が1つ。ここで家族の話を聞くと話が大きく広がりそうなので、仕事の話に一旦戻る道がもう1つです。前者に進むのであれば、〈今ご家族の話が出ましたから、お仕事の話はまた後で伺うとして、ご家族の話を少し聞かせてください〉と意図を伝えるとよいでしょう。後者に進むであれば、〈今ご家族の話が出ましたが、先に一通り仕事の話を聞かせていただいてからご家族の話に戻りたいと思います〉と意図を伝えます。そうすることで、クライエントはカウンセラーが何を考えているかを知り、その後の流れについて心構えを持つことができます。

　Qさんの事例について、カウンセラーの心の中の動きをまとめておこうと思います。（　）内がカウンセラーの心の動きです。

〔対話4-2〕

「夜、なかなか寝つけなくて」（寝つけないって、何時に寝ようとして何時まで寝られないのかな？　起きるのは何時なんだろう？　いつ始まったのかな？　何かきっかけがあったのかな？　何らかのストレスが？）

〈夜、なかなか寝つけない〉

「ええ。夜10時には床に就くんですけど、なかなか寝られなくて、気がついたら12時を回っていることがよくあって」（気がついたらって、2時間どう過ごしているのかな）

〈ああ、12時を回ることがよくあるんですね〉

「そうなんです。職場が遠くて5時には起きないといけないので、眠れないと仕事中辛いですね」（5時ということは、睡眠時間は5時間もないな　仕事は何を？　職場が遠いってどこ？　遠いのはなぜ？　引っ越せないのかな？　辛いというのは実際に何か影響が出ているのかな？）

〈5時ですか。12時過ぎに眠れたとして5時間もない。それは確かに辛いですね〉

「ええ」

〈目が覚めたときに、眠れたという感覚は？〉

「それはあまりないですね」

〈うんうん〉

「まあ、世の中には睡眠時間が短くても平気という人だっておられるでしょうけど、私の場合はちょっと」（どう思われるかが気になっているのかな。人それぞれであることを伝えてみよう）

〈そういうのは人によって違いますからね〉

「ええ。家族も気遣ってくれて、通勤は車なので、気をつけて運転してねと言われています」（家族がいるんだ。何人家族？　家族関係は？　気遣ってくれて、と言うんだから嬉しいのかな？　でも、気遣ってくれるのが逆に心の負担になることもあるな、この人の場合はどうなんだろう）

〈ご家族は気遣ってくださるんですね〉

次は、『見立てと方針』のワーク40を少しアレンジします。

ワーク129

語られた思いを温かく受け止めるワーク③
（ワーク40の続き）

[事例13]

　小学5年生の息子が1人で万引きをしたということで相談に来た37歳の女性。息子が生まれてわりとすぐに離婚、息子は自分の父親（本人からすれば元夫）を知らない。本人は離婚後、遠くの県から実家に子連れで戻り、介護職になるために資格を取って、現在はフルタイムで働いている。仕事にはやりがいを感じており、半年前からグループのリーダーを務めている。実家には両親が同居。校区は、古くからの地域と市営団地と裕福な人が住む新興住宅地が共存している。市営団地に住んでいる子どもの中には「やんちゃな」子もいるという。

　一通り家庭状況を話した後、話は息子の万引きの話に戻りました。そしてクライエントは息子に対して、「私がこんなに頑張っているのに」と少し怒りを向ける言い方をしました。この思いをそのまま受け止める言い方を考えてください。

ワーク129の解答例

〈そうですね。お母さんはよく頑張っておられると思います。お母さんからすれば、頑張って働いて子育てしているのに、って思われるのも無理はないと思います〉

カウンセラーは、まずクライエントの頑張りを認め、労っています。そして、クライエントが苦労する中で頑張っていることを理解しているつもりであることを言葉で伝えています。それがわかってもらえると、クライエントは自分の中にある別の気持ちに目を向けやすくなります。

　さて、**ワーク124**の解説に、「明確には語られないものの、語られた内容から間接的に推測される」思いがあると書きました。カウンセラーは、クライエントの言葉の端々から思いを汲み取ること、拾い上げることをします。それを言葉にして伝えることで思いが共有されることになります。

ワーク130

思いを汲み取るワーク①

　クライエントは20代後半の女性。「私は昔から人前で意見を言うのは苦手で。でもいつまでもこれじゃダメだと思って、この前、会議の場で珍しく発言してみたんです。そしたら、上司に『そんなの無理に決まっているじゃん』ってピシャッと言われて……」と言いました。クライエントの思いを汲み取って、温かく受け止める応答を返してください。

　クライエントとカウンセラーは違う人間ですから、同じ場面でも同じ思いを抱くとは限りません。そのことを前提としつつ、自分がそうされたらどういう思いになるかを想像してみましょう。すると、言葉が浮かんでくると思います。

ワーク130の解答例

〈ああ、せっかく頑張って言ったのにねえ〉
「そうなんです。けっこう勇気を出して言ったんですけど」

Rさんの事例をもう一度取り上げます。

ワーク131

思いを汲み取るワーク②（ワーク123の続き）

〔事例28〕
Rさんは2回目の面接で成育歴について新たな事実を語りました。

「小5になるときに転校して……誰にも言わないでくださいね、実は、それから小学校を卒業するまで、ずっといじめられていたんです」
〈いじめられていた〉
「はい」
〈小5から卒業まで、ということは2年間？〉
「そうです」

この後、事実確認のための質問をする前に、クライエントの思いを受け止める言葉を一言伝えたいと思います。何と言いますか。

ワーク131の解答例

〈それは随分と辛い思いをされたんですね〉

Rさんはまだ「辛かった」とは言っていませんから、少し先取りしてはいますが、カウンセラーはこれによって、いじめの話をどういう思いで聞いていこうとしているかという自らの姿勢をクライエントに伝えています。この後は、〈そのお話をもう少し続けて聞かせてもらってもよろしいですか〉と配慮の言葉を添えて、合意が得られたら**ワーク123**で考えたような具体的な質問をしていきます。そうすることで、「辛さ」の理解はさらに深まっていくでしょう。

次は、『見立てと方針』の**ワーク6と7**に出てきたCさんについて、もう少し理解を深めましょう。

ワーク132

思いを汲み取るワーク③（ワーク7の続き）

[事例3]
　53歳の女性Cさん。初回では、「一人娘が2年前に結婚して孫娘が生まれたが、先月離婚して孫を連れて実家に戻ってきた。その頃から娘との仲は最悪。どうしてもイライラを娘にぶつけてしまう。食欲もない」といったことが語られました。2回目の面接では、自身の離婚について初めて語りました。

「この前はお話ししていませんでしたが、実は私も離婚しているんです。夫が浮気して」
　〈おいくつのときですか〉（事実関係を問う質問）
「27歳のとき」

Cさんの思いを汲み取る応答をセリフの形で考えてください。

　この後Cさん自身の離婚の話をどこまで詳しく聞くかは、Cさんの反応を見ながら考えていきますが、いずれにしても一旦ここでクライエントの思いを汲み取って受け止める応答を挟みたいと思います。そのほうがこの後話を深めていく土壌ができると思うからです。対話の形で示します。

ワーク132の解答例
〈そうでしたか。ご自分も離婚されているなら、娘さんの離婚を聞かれて、お気持ちは複雑だったかもしれませんね〉
「ええ」
〈ご自身の離婚の経緯についてもう少しお話を伺ってもよろしいですか〉

　〈ご自分も離婚されているなら、娘さんの離婚を聞かれて、お気持ちは複雑だったかもしれませんね〉は、Cさん自身の離婚の辛さに対する応答ではありません。おそらく辛かっただろうと推測はできますが、まだ話を聞いていないので具体的にはわかりません。Cさんは自身の離婚のことを話し始めるとき、「実は」と前置きを入れました。これには、初めて話すという意味だけでなく、娘だけでなく私「も」離婚しているという意味が込められているように感じられます。そこで、娘のことと絡めて話そうとするCさんの意図を推察し、その気持ちを受け止める応答をしているのです。Cさんの離婚の経緯を聞いた後で、話はこの点に戻ってくるでしょう。娘の離婚の経緯と自身の離婚の経緯を比較する中で、「複雑な気持ち」は徐々に明らかになってくるはずです。娘から離婚を打ち明けられたとき、Cさんはどんな気持ちがしたでしょう。娘とはどんな関係なのでしょう。もしかすると、娘から一番言われたくない言葉は、「あんた

だって離婚したじゃない」かもしれません。

思いを汲み取るワークを続けます。

ワーク133

思いを汲み取るワーク④

[事例29]
クライエントのSさんは、2ヵ月前に高校生の一人息子を交通事故で亡くした中年期女性です。その5回目の面接でSさんはこれまで語っていなかったことを打ち明けるように話しました。

「実は、あの日の朝、私、あの子とケンカして。ちょっと注意したら反発してきたので、言い合いになって。『行ってきます』も『行ってらっしゃい』もなくあの子は出て行って。きっとあの子もムシャクシャしながら歩いていたんだと思う。そうじゃなかったら、もっと心に余裕があって、周りがよく見えていて、事故に遭わずに済んだんじゃないかと思って……。ケンカなんかしなければよかった。あんな些細なこと、どうだってよかったのに。そしたら、死なずに済んだかもしれない……」

カウンセラーとして、Sさんの気持ちを汲み取り、そのまま受け止める応答を考えてください。

親子だからケンカくらいするでしょう。その日の朝にケンカしていなくても、事故に遭ったかもしれません。合理的判断としてはそうです。しかし、ここで〈ケンカしていなくても、事故に遭ったかもしれないですよ〉と言うのはカウンセリングとしてはおそらく違うでしょう。〈そんなに自分を責めることはありません〉と言いたくなる人もいるかもしれませんが、否定したり、すぐに認知を変えさせようとしたり、安心させようとするのではなく、まずはそういう気持ちが湧いてくることを受け容れましょう。心に引っかかっていることを口に出してそのまま受容してもらうことを通してしか、引っかかりから自由になれないこともあるものです。対話の形で示します。

ワーク133の解答例
〔対話4-3〕
〈ケンカなんかしなければよかった、そしたら事故に遭わずに済んだかもしれない、と〉
「(頷く)」
〈そのことが悔やまれてならない、そういう思いがどうしても湧いてくるんですね〉
「(頷く)……あの時が最後になるなんてもちろん思っていなかったけど……最後になるんだったら……せめて笑顔で送り出してあげたかった(号泣)」

ワーク134

思いを汲み取るワーク⑤

　クライエントは30代の女性。インテークでこう語りました。

「昨日玄関先でお隣の奥さんに会ったので『こんにちは』って挨拶したんですけど、無視されたんです。実は、無視されるのはこれで3回目で……。私、お隣の奥さんから嫌われてるんじゃないかって思うんです」

クライエントの思いを受容する応答を考えてください。

挨拶が返ってこなかったのは、「無視」だったかもしれませんし、そうでなかったのかもしれません。それが3回続いたのは「嫌われている」のかもしれませんし、そうでないかもしれません。クライエントのほうが過敏である可能性も考えねばならないでしょう。しかし、クライエントが語りたいことは3回も無視されたように感じ、それを「嫌われている」と受け止めているということです。それを無碍に否定されたのではカウンセリングを受けに来た意味が感じられないと思います。カウンセラーとしては、実際に嫌われているかどうかではなく、クライエントにとってはそう思える、そうとしか思えないということをまずはクライエントの心的現実として受け容れましょう。もしこの後、クライエントの認知的特徴を取り上げる必要があると感じられたら、そのときに話題にすればよいことです。

ワーク134の解答例

〈嫌われているんじゃないかと思うのですね〉
〈1回ならまだしも、3回ともなるとそう思うかもしれませんね〉

どちらも、事実だと認定するのではなく、クライエントの思いとしては了解できるという姿勢で応答しています。

クライエントの思いを受け止めるというとき、短い言葉のやりとりだけでなく、クライエントが語った長めの話を受けて、そこから思いを汲み取る場合もあります。次はクライエントの語りを聞きながら事実関係を要約し、最後に温

かく受け止める言葉を伝えるワークです。話を聞いた後で時間をかけて要約するのではありません。要約しながら話を聞き、話が一段落したところですぐに伝える練習です。クライエントに「その通りです」とか「おっしゃる通りです」と同意してもらえることを目指しましょう。とはいえ、部分的に違っていたら、それをもとにまた対話を展開させたらよいことです。

ワーク135
クライエントの話を要約し、思いを汲み取って伝えるワーク

クライエント（40代半ばの男性）はカウンセラーが質問を挟まなくても自ら勢いよく語ります。そして、以下のように語ったところで一息つきました。ここで、事実関係を要約して伝えた後、クライエントの思いを受け止める言葉を伝えようと思います。それぞれ何と言うか、セリフの形で書いてください。

「父が3週間前に脳溢血で救急車で運ばれて、今も入院しています。一命は取り留めたんですが、麻痺が残って。両親は実家で2人だけで暮らしているんですが、2人ともこれまで元気にしていたんで、普段はそんなに連絡も取らずにいて。私も仕事は忙しいし、子どももいますし。で、今回父が倒れたという電話が朝早くにかかってきてびっくりして。朝、会社に連絡して慌てて電車に飛び乗って、昼過ぎにようやく病院に着いて。いや、私が大変なのはいいんです。母が……父が入院してから2週間くらいして、過労でしょうか、まあ心労も重なったんだと思いますが、めまいと動悸がすると言って近くのかかりつけの医院で診察を受けて、実家で療養することになって。母ももう74ですから、無理したのかな。それで、私は会社をしばらく休むことにして、この1週間は実家に泊まって、父の病院に通って、母の世話をしてという生活です」

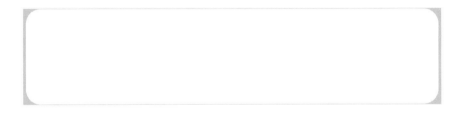

ワーク135の解答例

〈ここまでのお話をまとめると、3週間前にお父さんが倒れて救急車で運ばれて入院され、1週間前に今度はお母さんが心労で自宅療養されることになって、今は会社を休んで実家に泊まっておられるということですね〉

「その通りです」

〈とても慌ただしい3週間だったと思います。お父さんのこともお母さんのこともご心配ですね〉

ポイントはクライエントが両親を心配する気持ちに共感を示すことと、クライエント自身の労をねぎらうことの2つだと思います。

長い語りをその場で短く要約する作業は最初のうちは少し難しく感じられるかもしれません。このクライエントはわかりやすい話し方をされる方ですが、心に思い浮かぶことを「言い散らかす」といった感じで、話があっちに行き、こっちに行きしながら話すクライエントであれば、尚更エネルギーを使うでしょう。クライエントはカウンセラーによる要約を聞くことで、自分の話を理解してもらえていることを確認できるだけでなく、自分が話したことが他者の言葉となってまとまった形で返ってくる体験をします。その言葉を聞いて、「そうそう、そういうことです」と言い、わが意を得たりという表情をする方もおられます。あるいは、「私の言いたかったことはそういうことだったんだ」と自己理解が深まる方もおられます。

要約を伝える際の言い方の例をあと3つ挙げておきます。

〈たくさんお話しになられましたね。要約すると、職場での人間関係の話、恋人とうまくいっていない話、そして自分は発達障害ではないかという話の3つ

があったかと思います。それで間違いないでしょうか〉

〈3年前にパニック障害という診断がついて通院していた。パニック発作はここ1年くらいはなくて、それはよかったけれども、最近は片頭痛に悩まされているということですね〉

〈ここまで伺ったことをまとめると、入社して2ヵ月後に先輩から叱責されて、その1ヵ月後には別の先輩からきつく叱られた。2回も起きるなんて、偶然とは思えない。自分は嫌われているんじゃないかと考えて不安になったけど、誰かに聞いて確かめるのも怖い。いずれ昇進できる可能性がないなら、いっそのこと今の会社を退職して田舎に戻るほうがマシなんじゃないか、そういうことですね〉

また、思いを受け止める言い方としては、こんな言い方もできます。

〈素朴な感想ですが、ともかく＊さんはよく頑張っておられるなあと思いました〉

〈お話を伺っていて私が一番印象に残ったのは、「すごく寂しかった」とおっしゃったことです。気持ちがとても伝わってきた気がしました〉

第5章

思いを明確化する

前章では、クライエントから語られた思いを受け止める応答と、思いが直接語られたわけではないが、語られた話から思いを汲み取る応答を取り上げました。しかし、思いを汲み取ろうとしても、いつもわかりやすく伝わってくるわけではありません。そこでカウンセラーのほうから思いを尋ねてみます。一番単純な尋ね方は、〈どんなお気持ちですか？〉〈どうお考えですか〉でしょうが、一つ覚えで〈どんなお気持ちですか〉と尋ねるわけにはいきません。尋ね方にも工夫が必要です。それでも、クライエントの思いが複雑なためか、なかなかすっきりとは伝わらないこともあります。この章では、クライエントに思いを尋ね、語られた思いをさらに掘り下げ、明確化することについて考えます。
　『見立てと方針』ワーク35のBさんのその後から始めましょう。

ワーク136

思いを直接尋ねるワーク（ワーク35の続き）

［事例2］
　40代半ばの女性Bさん。主婦。夫、中学生の息子と3人暮らし。「うつ病」と診断され、薬物療法を受ける。大量服薬による自殺未遂で救急搬送され入院。退院後は、外来でカウンセリングを継続しています。

〈うつの症状は最近はいかがですか〉
「波があって、調子のいい日とそうでない日があります。調子が悪いと家事ができずに寝ていることもあって……」
〈家事ができずに寝ていることがある。ご家族は、ご主人と中学生の息子さんでしたね。どんなふうに言っておられますか〉
「夫と息子は理解があって、『無理するな』と言ってくれます」

　言って「くれる」と言っているので、ありがたいという思いを持っていることが推察されます。しかし、思いはそれだけとは限りませんから、尋

ねてみましょう。この発言に関する思いを尋ねる応答を考えてください。

対話形式で書いてみます。

ワーク136の解答例
〔対話5-1〕
「夫と息子は理解があって、『無理するな』と言ってくれます」
〈無理するなと言ってくれるんですね。そう言われてどう感じられましたか?〉
「ありがたいです。でも……」
〈でも?〉
「うーん。迷惑をかけて申し訳ないという気がして(目頭が熱くなる)」
〈ありがたいと同時に申し訳ないという気がしてくる〉
「(頷く)」
カウンセラーは申し訳ないという気持ちが伝わってくるのを感じながら、それに共感を示すだけでは足りないようにも思います。言葉を探してしばらく沈黙し、やがて口を開きます。
〈申し訳ないという気持ちがしてくるのもわかる気がします。ただ、今はね、甘えられるところは甘えていいんじゃないでしょうか。感謝を伝えて、元気になったらその分をお返ししたらいいんですから。焦らず、長い目で〉

ワーク35でも取り上げたように、家族が協力的であることは、自殺企図を繰り返すリスクを下げる要因でしょう。他方、気遣ってくれることを申し訳なく思うのは、逆にそのリスクを高める要因です。カウンセラーは最後に自分の考えを述べていますが、それは自殺の再企図のリスクを下げることを意図しての

ことです。ゆったりと考えられるようになることは、そもそも抑うつ症状の緩和につながるはずです。

語られた思いが複雑そうに感じられることがあります。それをもう少し明確にしたいと思うときはどうすればよいでしょうか。

> ワーク137
>
> ## 思いを明確化するワーク
>
> クライエントが自分の性格について話し始めました。
>
> 「私はまじめな性格なんです」
> 〈どういうときにまじめだと感じましたか〉
> 「……どういうとき？……えーと」
> クライエントにとっては、この質問は難しかったようです。そこで質問を変えます。
> 〈では、＊さんのおっしゃるまじめというのは、どういう性格のことを言うのでしょう〉
> 「やらないといけないことはちゃんとやる……融通が利かないというか」
>
> 「ちゃんとやる」にはポジティブなニュアンスが感じられますが、少し間を開けて、「融通が利かない」という言葉が出てきました。後者にはネガティヴなニュアンスがあるように思えます。この点をどう取り上げて、クライエントの思いを明確化したらよいでしょうか。

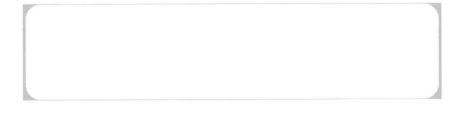

ワーク137の解答例

〈ということは、＊さんにとってまじめというのは、ネガティヴな意味も入っている？〉

「うーん、いいところもあるけどって感じかな」

これで、まじめには両面あるということが2人の間で共有できました。

　思いを直接尋ねても、クライエントはうまく言葉で表現できるとは限りません。その感情が複雑であればあるほど、"どこからしゃべっていいのかわからない"と感じるかもしれません。その場合は、クライエントが自分の思いを言葉で表現できるように手助けします。例えば、カウンセラーのほうがクライエントの気持ちを推察して、例を挙げながら尋ねてみるのも1つの方法です。

ワーク138
思いを推察して例示するワーク

〔事例30〕
　クライエントは、20代前半の新入社員の女性Tさん。昼休みの時間を同期の女性社員と一緒に過ごしていますが、ズバズバ言う人なので、最近会うのが苦痛になってきていると言います。

「(同期の女性は) 決して悪い人ではないんですが、私はそんなに強くない

ので。もう少し優しく言ってくれたらいいんですけど」
〈それは言ってみましたか?〉
「一度言いました。そしたら『何それ?』って」
〈ああ、言ってみたけど、『何それ?』って〉
「そう」
〈そう言われてどう思いました?〉
「どうって……難しいです」

　同期の人からそんなふうに言われて萎縮したためもあってか、気持ちを言葉でうまく表現できない様子です。Tさんはそう言われてどんな気持ちになったのでしょうか。それを推察して、Tさんに尋ねてみてください。

　例を挙げてクライエントの思いとずれていたらどうしようと不安になる人がいるかもしれません。挙げた例がクライエントの思いにまさにぴったりはまればよいのですが、必ずしもそこを目指すというわけではありません。違っていても、「ちょっと違うかも。どう違うんだろう」とクライエントに内省してもらうことに意味があると考えましょう。これも対話形式で書いてみます。

ワーク138の解答例
〔対話5-2〕
〈そう言われてどう思いました?〉
「どうって……難しいです」
〈がっかり?〉
「うーん、がっかりと……ちょっとイラッとしたかな。わかってくれないのか

って」
〈ああ、わかってくれないのかって。そうですねえ〉

　クライエントが自分の気持ちを語りやすくするために、まずはカウンセラーが気持ちを言葉にしてみるという感覚です。この場合、例示することで、例に挙げたのとは別の気持ちが語られました。もう少し丁寧に、〈私だったらそういう場合、がっかりするような気がするんですが、Tさんの場合はいかがでしょうか〉という言い方もあり得ます。
　Tさんとの対話はさらに続きます。

ワーク139

思いを掘り下げるワーク（ワーク138の続き）

〔事例30〕
Tさんは次のように言葉を続けました。

「……でもイラっとすると逆に怖いような気持ちも湧いてくる」
〈イラっとすると怖い気持ちが湧いてくる〉
「そうですね」

この怖い気持ちをもう一段掘り下げて明確化する応答を考えてください。

ワーク139の解答例

〈怖いというのは、どういうところから？〉
すると、Tさんはこう答えました。
「イラっとして、それが伝わったら相手から嫌われるんじゃないかと思って」

　掘り下げると言っても、何も特別な言葉を使うわけではありません。こう尋ねることで、Tさんはさらに複雑な気持ちを吐露しました。少し前に、同期の女性から「何それ？」って言われてどう思ったかを問われ、「どうって……難しいです」と答えたのは、イラっとする気持ちとそうすると怖くなる気持ちが同時に湧いてきて、どう言えばよいかわからなくなったのかもしれません。もし〈怖いというのは、どういうところから？〉でも答えにくいようであれば、〈イラっとすると何がどうなってしまいそうな気がして怖くなるんでしょう〉と問い直すこともできます。

　Tさんから出てきた思いは、「がっかり」と「イラっと」、そして「嫌われるんじゃないかという怖さ」でした。この後は、「イラっとして、それが伝わったら相手から嫌われるんじゃないかと思って」という部分をさらに掘り下げることになるでしょう。例えば、「イラっとして」いることが相手に伝わる可能性についてはどう考えているのでしょうか。

　ワーク138と139では、思いが段階的に掘り下げられていきました。思いを掘り下げていくワークを別の事例を通して行いましょう。

ワーク140

思いを段階的に掘り下げるワーク①

〔事例31〕
　クライエントは「提出物が出せなくて卒業が危ぶまれている」という主訴で来談した大学４年生の男子学生Uさん。「提出物が出せない」というの

は、どこでつまずいているのでしょう。自分ではどういう認識でいるのか直接尋ねてみることにしました。

〈提出物が出せなくて、卒業が危ぶまれている。それで困っておられるんですね。提出物が出せないというのは、自分ではどういうことだと思っておられますか〉
「どういうことって……」

Uさんには「どういうことか」という問いは漠然としすぎていて答えにくかったようです。そこで、状況をもう少し具体的に尋ねていくことにします。「提出物が出せない」理由として考えられる可能性を自分の中でできるだけたくさん挙げてください。それを受けて、次の質問を考えてみましょう。

ワーク140の解答例

「提出物が出せない」理由として考えられる可能性を列挙してみます。

課題はできているか

- できていないから出せない／できているけど出せない
- 課題の完成度：全く手つかず／途中まではできている／ほぼでき上がっている

できていない場合
- 作業課題の理解：わかっている／わかっていない
- 課題の難易度：課題が難しすぎる／課題はそれほど難しくない
- 作業の能力や取り組み方：とっかかりの悪さ／正確さと速さのバランス／やりたいこととやるべきこととのバランス／集中するとそれしかできなくなる、といったエネルギーの分散／誰かが横にいてコーチしてくれたらできるが、1人ではできない
- 締め切りの自覚：覚えている／忘れた／書いてあるけど見返さない／書く習慣がない
- 計画性：他の予定との兼ね合い／締め切りから逆算して考えることができていない
- 意欲がでない：生活全般に意欲がない／やりたいことはやっているが、こんなことして何になるのかがわからない（やりがいを感じられない）
- 不安：できないんじゃないかという不安／上手にできそうにないという不安

他には？

できている場合
- できているけど出せない：人より上手にできていないんじゃないかという劣等感／正確さへのこだわりがあってなかなか手放せない／提出したら卒業できてしまう怖さ

他には？

これを受けて、例えばこんなふうに質問してみます。

〈では、出せないというのは、できているけど出せないのか、それともできていないから出せないのか、で言ったらどっちでしょうか〉

ワーク141

思いを段階的に掘り下げるワーク②（ワーク140の続き）

〔事例31〕
Uさんとの対話は次のように進んでいきました。

〈提出物が出せなくて、卒業が危ぶまれている。それで困っておられるんですね。提出物が出せないというのは、自分ではどういうことだと思っておられますか〉
「どういうことって……」
〈では、出せないというのは、できているけど出せないのか、それともできていないから出せないのか、で言ったらどっちでしょうか〉
「かなりできています。できているけど出せない」
〈かなりできているけど出せない〉

さらに思いを明確化するために、これに続けて何と言いますか。

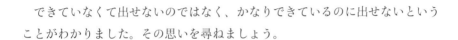

できていなくて出せないのではなく、かなりできているのに出せないということがわかりました。その思いを尋ねましょう。

ワーク141の解答例

〈出したら何がどうなってしまうように思うのですか〉

Uさんの事例が続きます。

ワーク142

思いを段階的に掘り下げるワーク③（ワーク141の続き）

[事例31]
対話はさらに次のように進んでいきました。

〈出したら何がどうなってしまうように思うのですか〉
「卒業できてしまう」

この後どのように応答しますか。

　最初の主訴は、「提出物が出せなくて卒業が危ぶまれている」でした。そして今は、「卒業できてしまう」でした。

ワーク142の解答例
[対話5-3]
〈卒業できてしまう。卒業できてしまうとどう困るのでしょう〉
「就職先が決まっていないし、就職する自信もないので」
〈なるほど。最初は、卒業が危ぶまれていると言っておられましたが、卒業後のことが決まっていないから、卒業できてしまっても困るということですね〉

卒業に対する複雑な思いが少し見えてきました。さてどうするか、この後思いを汲みながら、2人で知恵を絞っていくことになるでしょう。

　1つのエピソードについて感情を尋ねるにしても、どの時点での感情を尋ねるのかによって、出てくる感情は違います。そのワークをしましょう。

ワーク**143**

過去の感情と現在の感情を尋ねるワーク①

　クライエントは20代半ばの女性です。数回を経過したあるとき、クライエントは言いあぐねる素振りを見せた後、口を開きます。

「あのー」
〈はい〉
「私には6歳下の弟がいて」
〈あっ、そうですか。（最初に書いてもらった申込票の）家族欄のところには書いてありませんでしたね〉
「（頷いて）実は弟には重い障害があって」
〈ほう〉
「話せば長くなるんですけど。弟のことよりも、母とのことで」
〈ええ〉
「子どもの頃から、『弟のことは外で話すな』と母から言われてきたので……」

　クライエントはここでまた沈黙します。弟のことについても話を聞きたいところですが、クライエントが今話したいのは母親との関係、母への思いだと言います。自ら話すかと思って少し待ってみましたが、なかなか話

しませんので、こちらから母親への思いを尋ねてみようと思います。母親への思いと言っても、次の4つの時点での思いがあります。それぞれどのように尋ねたらよいでしょうか。
　①母から「弟のことは外で話すな」と言われて育った、子どもの頃の思い
　②子どもの頃にそう言った母に対する今の思い
　③その話をカウンセリングの中で口に出したときの思い
　④話し合った後の思い

対話の形で示します。

ワーク143の解答例

〔対話5-4〕

①〈お母さんからそう言われて、子どもの頃はどう思っておられたんですか〉
「母がそう言うんだから……守らないと、って思ってました。それが弟を守ることになるなら」
〈うん〉
「でも……私だって辛かった……母は弟のことは一所懸命だったけど……私の辛さはわかってくれていなかったように思う（静かに涙を流す）」
〈そのことをお母さんに言ったことはありますか〉
「（首を横に振る）」
〈なかなか言えませんね〉
「（頷く）」

②〈子どもの頃の気持ちは今も変わらずにありますか〉
「大人になって、今は、母は母で辛かったんだろうというのもわかるけど……」
〈私も辛かったんだっていうのをわかってほしい、と〉
「(頷く)」
③〈先ほど、この話を始めるとき、言おうかどうか少し迷っている様子でしたけど、言いにくかったですか〉
「ええ」
〈どうして〉
「話した後、自分の気持ちがついていけるかなというのがちょっと不安で」
〈うん〉
「それに、母から『言うな』と言われていたこともあるから」
〈今もそれが残っている〉
「(頷く)」
〈弟さんのことを家族欄に書かなかったのも、それで？〉
「(頷く)」
④〈さっきは不安だったけど、勇気を出して言ってくださったんですね。言ってみてどうでしたか。今どんなことを感じておられますか〉
「……言えたな、と思って。ちょっとすっきりしたかな。言ってよかった気がします」

過去の気持ちを聞くこと、現在の気持ちを聞くこと、どちらがより大事かということではありません。どちらも大事なことです。そのワークをもう1つしましょう。

ワーク144

過去の感情と現在の感情を尋ねるワーク②

クライエントが印象的な夢を見たと言います。

「今朝見た夢がとっても印象的だったんですけど、そんな話も聞いてもらえるんですか」
〈ええ、いいですよ。どんな夢でしたか〉
「夢の中では夕方で、少し暗くなり始めていて。私は1人で自宅の2階の部屋にいてパソコンを見ていました。カーテンを閉めて、電気をつけて。特に何をしているというわけではなくて、ネットで気になったサイトを漫然と見ていました。で、少し目が疲れたし、体も固まっていたので、立ち上がってベランダに面した窓のカーテンを開けたんです。そしたら、ベランダに見たこともない小学生くらいの子どもが3人いて、膝を立てて座っていて、こっちをじっと見ていたんです。それで目が覚めて」
〈ほう〉

この後、この夢に関する連想や感情を聞いていきます。夢の感情はいつの時点の感情かで次の5つに分けられます。それぞれの尋ね方をセリフの形で書いてみてください。
　①夢の中で抱いていた感情
　②夢から目覚めたときの感情
　③夢を報告しようと思ったときの感情
　④夢を報告した後の感情
　⑤夢について検討した後の感情

ワーク144の解答例

①夢の中で抱いていた感情
〈じっと見られて、夢の中ではどんな気持ちでおられたのですか〉
「いやあ、もう、ドキッですよ」

②夢から目覚めたときの感情
〈目が覚めたときはどんな気持ちでしたか〉
「目が覚めた後も怖い感じが残っていましたね。何を見られてたのかなあ、どう思われてたのかなあって。それに、なんで子どもなのかもわからないし。子どもってこういうときちょっと不気味じゃないですか」

③夢を報告しようと思ったときの感情
〈この夢を今日報告しようと思ったのは？〉
「それはもう、何だこりゃって感じで。ここで話していることとなんか関係あるのか、先生に聞いてみようと思って」

④夢を報告した後の感情
〈では、その夢をここで報告してみて、今はどんな気持ちが湧いていますか〉
「話してたら、またあの光景が目に浮かんできたので、やっぱりまだちょっとドキドキはあります」
〈よほどドキドキしたんですね〉

⑤夢について一緒に検討を終えた後の感情
〈（夢について話し合った後で）どうやら夢が伝えていることはそんなことのようですね……そう思うと、今はどんな気持ちが湧いていますか〉
「自分が心で思っていることを見透かされているんじゃないかっていう不安があるというのは、確かにそうだなと思って。人から見られているかもっていうだけじゃなくて、自分で自分を見て、『本当にそんなことでいいのか』って思っているっていうのもあるんだなあって。うん、意味がわかってきたら、ドキドキが少し収まってきた感じがします」

　感情を発話ではなく、体の感覚で伝える人もいます。例えば、感情を問われて、「どう言ったらいいか」と言った後、胸の辺りを右手でさすりながら「この辺がザワザワしてくる感じです」と答えるような場合です。あるいは、こんな

ふうに言った例もあります。

「気持ちとしては（右の太ももの上で右手で握りこぶしを作り、ギュっと握って）こんな感じなんですけど」

クライエントはそうやって、職場の上司から言われたことに不快感を覚え、怒りを出したい気持ちを持ちながら、抑制しているということを伝えてきます。カウンセラーは〈こんな感じ〉と言いながらクライエントの仕草を真似した後、少しユーモアを交えて握りこぶしを振りかざす仕草をし、〈こうではなくて？〉と応じます。クライエントは、苦笑しながら「それはさすがに無理」と答えます。

今挙げたのはクライエントが感情を自発的に体の感覚で伝えてきた例ですが、カウンセラー側から〈体の感覚で言うとどんな感じがしますか？〉と尋ねると、まだ言葉にならない感情が体の感覚として伝えられることがあります。

ワーク145
体の感覚を通して思いを表現してもらうワーク

クライエントは自分の考えは語りますが、気持ちのほうはなかなか出てきません。そこで直接尋ねてみることにします。

〈そう考えるとどんな気持ちがするんですか〉
「うーん、何と言ったらいいか……」
〈難しい？〉
「うーん」
〈では、その気持ちを体の感覚で表すことはできますか。体のどの辺りがどんな感じになるとかいうことですけど〉

クライエントはそう聞くと、椅子に座ったまま少し前屈みになり、両手で耳を塞いで「こんな感じ」と言いました。この反応をどう受け止めたらよいでしょうか。この後の応答を考えてください。

　こういうときは、まずクライエントの仕草や姿勢を真似してみるというのも１つの方法です。同じ姿勢を取ることでクライエントの気持ちを感じやすくなるかもしれません。ただし、真似られるのを嫌がる人もいますから、嫌がられない範囲にとどめておきましょう。

ワーク145の解答例
〔対話5-5〕
〈ああ、こんな感じ〉
　カウンセラーも真似をして少し前屈し、耳を塞いでみます。そして、自分が感じたことを言葉にしてみます。
〈聞きたくない？〉
「もう放っておいて、って感じかな」
〈放っておいてっていう感じ〉

　思いを表現してもらう方法としては、これ以外に絵や音、造形（粘土細工や箱庭）などがあります。ここでは詳述しませんが、〈それを絵に描いてみることはできますか？〉〈そこにキーボードがありますけど、今の気持ちを音で表してみませんか？〉〈棚にあるミニチュアをこの箱の砂の上に自分の好きなように置いていって、自分の心にピッタリくる世界を作ってください〉といったことです。あるいは、クライエントがしくしく泣き、思いをなかなか言葉で表せられない

とき、しばらく間を置いてから〈その涙は何て言っているんでしょう。涙の粒に吹き出しをつけて、セリフを書き込むとしたらなんて書きますか〉と言ってみることもできます。"あなたが話すのではなく、涙の粒が話すとしたら"という即席の投映法の一種です。そう言うと、「紙を1枚ください」と言うので手渡すと、自分で涙の粒の絵を描き、そこに吹き出しをつけ、短いセリフを書き込むクライエントもいます。そのクライエントに合うやり方、自分を表現しやすい方法を見つけることが最も大事なことです。

　ここまでクライエントの思い、特に感情に出口を与えるための方法をいくつか述べてきました。その方法を表5-1にまとめました。⑦はまだ取り上げていません。次の第6章のテーマです。

表5-1　感情に出口を与える方法

①クライエントの言葉をなぞっていると自然に出てくる
②事実関係を具体的に聞いていくと浮かび上がってくる
③直接尋ねる
④語りから感情を推察して例示する
⑤体の感覚で表現してもらう
⑥描画、音楽、粘土細工、箱庭、夢などで表現してもらう
⑦表情、話し方、姿勢を手掛かりに推測し、問いかける

第6章

引っかかりを通して思いを引き出す

カウンセラーはクライエントの言葉や仕草、表情、口調などに引っかかりを持ちます。「引っかかりを持つことが大事なのは、そこに何らかの意味が感じられるからです。そこにはクライエント独自の価値観があるかもしれませんし、秘められた願望や感情があるのかもしれません」と『Q&A』128に書きました。クライエントの語り方や表情、姿勢などに何か思いが含まれていそうだと感じても、それがどのような思いであるかがすぐにわかるとは限りません。本章では、カウンセラーの引っかかりを言葉にして伝え、クライエントの思いを引き出し、さらに掘り下げていく応答について考えます。

ワーク146

発言の意図への引っかかりから思いを引き出すワーク①

　クライエントは話を一通り終えると、「こんな話でいいんですか」と訊いてきました。カウンセラーは〈ええ、かまいません。どんな話でも結構ですよ〉と応じました。これは「受け止める」応答です。その一方で、カウンセラーは、クライエントがどうしてこう言ったのか、気になっています。まずはこう発言したクライエントの思いを推測してください。その上で、その思いをクライエントに問う応答をセリフの形で考えてください。

　ワーク110にも書いたように、カウンセリングでは基本的にどんな話をしてもらってもかまいません。クライエントがこんな話でいいのかなと不安になっているのであれば、どんな話でもかまいませんと伝えて、その不安を払拭しま

す。それはクライエントがさらに話を続けることを勇気づけるでしょう。ただ、クライエントはどうして「こんな話でいいんですか」という言葉を、このタイミングで発したのかには引っかかりを覚えます。そこには何らかの思いが含まれているように感じられます。放っておかずに尋ねてみましょう。

　このクライエントは、話を聞いてもらっているうちにどんな思いが湧いてきたのでしょうか。「自分の話ばかりしていて相手に負担になっているのではないか」「ずれた話をしていないだろうか」「こんな話までして恥ずかしい」「私の話をどんなふうに思いながら聞いているのかわからないので不安だ」「酷いことを考えている人だと思われていないだろうか」といった可能性が考えられます。引っかかったことをクライエントに尋ねて、確かめてみましょう。

ワーク146の解答例

〈そうお聞きになったのは？　何か気になられましたか〉

　これが最も中立的な尋ね方でしょう。次も、クライエントの発言への引っかかりのワークです。

ワーク147
発言の意図への引っかかりから思いを引き出すワーク②

　大学教員でもあるカウンセラーがクライエントから個人情報に触れる質問を受けました。

「先生は大学教員なんですか？」
〈ん？　もしかしてネットで調べました？〉
「はい」
〈で、どう書いてありました？〉
「そう書いてありました」

〈うん、それならきっとそうなんでしょうね〉
「(声に出さずに少し笑う)」

　カウンセラーは、クライエントがなぜそう尋ねたのか、答えを聞いてどう思ったのかを知りたいと思います。この後、どのように応答しますか。

　カウンセラーの個人情報をクライエントが尋ねてくることがあります。カウンセラーは個人情報を出すことは基本的に控えめにするものです。とはいえ、インターネットの時代になり、カウンセラーの個人情報についてインターネット上で調べる人がいることは避けがたいことです。すでに調べられた事実について白を切ることはありません。それだけに、インターネット上に自分の個人情報をどこまで載せるかについてはよく考えたいものです。個人情報を問われた場合の対応については、『Q&A』39も参照してください。

ワーク147の解答例
①調べようとした気持ちに触れる言い方
〈でも、どうして調べてみようと思ったんですか。何か気になりましたか？〉
②判明した事実に対する気持ちに触れる言い方
〈大学教員だとわかってどう思いました？〉

　クライエントはこう訊かれても、「いえ、特に」のようにはぐらかすかもしれません。その場合、こんなふうにさらに突っ込んでみることもできるでしょう。
〈いやいや、最初にああいうふうに質問したということは、何か思いがおありなんじゃないかと思うのですが？〉

次は、クライエントの発言の細かいところをとらえて思いを引き出すワークです。『見立てと方針』のワーク27の例に再び取り組みます。

ワーク148

クライエントの発言の一部から思いを引き出すワーク（ワーク27の続き）

〔事例6〕

クライエントは、大学3年生の男性です。主訴については、ゆっくりとしたペースでぼそぼそとこう語りました。

「ここまで人付き合いを避けて生きてきて。1人でいるのは別に嫌ではなくて、むしろそのほうが落ち着くんですけど。でも、就職活動がもうすぐ始まるんで、このままではいけないとも思って。それでどうしたらいいか相談に来ました」

このクライエントは人付き合いをすることに関して葛藤を抱えていそうです。カウンセラーは、「このままではいけないとも思う」の「も」に着目しました。この点を取り上げて、クライエントの葛藤をもう少し明確にしていきたいと考えます。どんな言い方をすればよいでしょうか。

対話の形で示します。

ワーク148の解答例
〔対話6-1〕
〈先ほど、このままではいけないと「も」思うとおっしゃいましたね〉
「ああ、言いましたね」
クライエントはそれほど意識して「も」と言ったわけではなさそうです。少し待ちましたが、それ以上話さなそうなので、カウンセラーのほうからもう少し尋ねてみます。
〈ということは、このままではいけないという気持ちもあるけど、このままでいたいという気持ちもあって、揺れているということでしょうか〉
「そうですね。今のままのほうが楽と言えば楽なので」
〈楽と言えば楽〉と一旦受けて、さらに掘り下げます。
〈では、このままではいけないと思ったのは、どういうところからですか〉
「就職活動が始まるので……人と付き合わなくてもよい仕事もあるかもしれないけど、それだと幅が狭すぎるし。これまで本当に人と関わってこなかったので、どうしたらよいかわからない」
〈やはり人付き合いは避けては通れないと〉
「(頷く)」

　就職活動のためには人付き合いが避けられないから、できるようになりたいがどうしたらいいかわからない、という訴えに関しては、このクライエントなりの人付き合いの仕方を一緒に見つけていくことになるでしょう。しかし、1人のほうが楽だから、本当に人付き合いをしないといけないのかという本音もあるようで、「どうしたらよいか」にはそれも含まれているようです。人付き合いの仕方について話し、実践する中で徐々に自信がついてくれば、「本当に人付き合いをしないといけないのか」という疑問は減ってくるでしょうか。それとも、この疑問の背後に、人付き合いを避けることになったエピソードが横たわっており、それにまつわる思いを解消しない限り、人付き合いのスキルを身につける方向には進めないでしょうか。それはこれからのカウンセリングで明らかになっていくでしょう。

思いを取り上げるには、クライエントの表情の変化に着目することが手助けになることがあります。『見立てと方針』では、ワーク12〜15で観察情報を収集するときの観点について取り上げましたが、それに基づいた応答ということになります。

ワーク149
クライエントの表情の変化を言葉で取り上げるワーク（ワーク124の続き）

〔事例27〕
　Qさんとの以下の対話では、〈5時ですか、早いですね〉と返しました。

「夜、なかなか寝つけなくて」
〈夜、なかなか寝つけない〉
「ええ。夜10時には床に就くんですけど、なかなか寝られなくて、気がついたら12時を回っていることがよくあって」
〈ああ、12時を回ることがよくあるんですね〉
「そうなんです」
〈起きるのは何時ですか〉
「5時です」
〈5時ですか。早いですね〉
「早いですよねえ（苦笑）」

　それに対してQさんは「早いですよねえ」と言って苦笑いを浮かべました。カウンセラーは、どうして苦笑いなのだろう、そこにはどんな気持ちが込められているのだろうという疑問を持ちました。そのことをどう言って取り上げたらよいでしょうか。

苦笑いしているのは、自分で望まない生活になってしまっている、自分でも困惑している、呆れているといったところでしょうか。応答の例を2つ挙げます。

ワーク149の解答例

〈苦笑い、という感じですか？〉

〈ご自分では今の生活をどのように感じておられるのでしょう。というのは、今、苦笑いを浮かべられたように思ったものですから〉

　クライエントの答えは例えばこんなことかもしれません。

「実は、去年、家を買いまして。妻の両親がお金を援助してくれたのはいいんですが、妻の両親の家の近所に住むことが条件だったんです。それで今の家に引っ越して、会社から遠くなってしまって。前は、都心だったので会社まで30分もかからなかったのですが、今は……」

　表情だけでなく声の出し方、話し方、姿勢、身振り手振りなども手掛かりになります。例えば〈今、声がだいぶ大きくなりましたね〉と指摘するのも1つの言い方です。『見立てと方針』ワーク41では、クライエントの外見や面接中の行動から心の状態や動き、パーソナリティについて推測し、可能性を複数挙げてもらいました。②は「椅子に浅く腰掛ける人」でした。この姿勢について取り上げ、思いを引き出すワークをしましょう。

ワーク150

姿勢の特徴を取り上げるワーク（ワーク41②の続き）

　カウンセラーはクライエントがいつも椅子に浅く腰掛けていることが気になっています。そのことを何と言って取り上げたらよいでしょうか。

　この場合、〈どうして浅く腰掛けるのですか〉と訊くのは直接的すぎるように思います。対話例を挙げましょう。

ワーク150の解答例
〔対話6-2〕
〈前から気になっていたのですが、もう少し深く腰掛けていただいても大丈夫ですよ〉
「すみません」
〈いえ、悪いと言っているのではないのですが〉
「……私は普段から浅く腰掛けているかもしれない。深く腰掛けるのはなんとなく落ち着かないと言うか。すぐ立ち上がれるようにしているのかも」
〈そうなんですね。そのほうが落ち着くならそのまま浅く座っていただいてけっこうなんですが、"すぐ立ち上がれるように"だとあまりゆったりとした感じではないですね〉

　姿勢について取り上げることで、クライエントの思いの特徴が現れ出てきた

ように思います。この後は"すぐ立ち上がれるように"しておきたい気持ちがどこから来るのかという話に進んでいくことになるでしょう。

次は、発話内容と発話行動にズレがある場合です。

ワーク151

言葉と態度の違いを取り上げるワーク①

クライエント（20代の大学院生）は、資格試験を5日後に控えています。面接の終了間際に励ますつもりでそのことに触れました。

〈今日はそろそろ時間だね。試験まであと5日か〉
「はい。ガンバ…リ…マス」

クライエントの言葉と態度に違いが見られます。このことをどう取り上げるか考えてください。

ワーク151の解答例

例を2つ挙げます。
〈あれ？　言葉は頑張りますだけど、言い方は頑張りますとは言っていないような……〉
〈ん？　カタコトの日本語みたいになってるけど（笑）〉

後者の言い方をしてみると、会話は次のように続きました。

〔対話6-3〕
〈ん？　カタコトの日本語みたいになってるけど（笑）〉
「ハハ。なってましたね（笑）」
〈どうして？〉
「うーん、頑張れるかなってのと……」
〈うん〉
「頑張ってダメだったら落ち込みそうだから、あまり頑張らないほうがいいかなっていうのもある」
〈ああ、なるほど。はい、時間になりましたね……ともかくご健闘を祈ります〉
「ありがとうございます」

このクライエントは、合格していたら嬉し気に報告してくれそうです。しかし、次の事例のクライエントは幾分様子が違います。

ワーク152

言葉と態度の違いを取り上げるワーク②

〔事例32〕
クライエントのVさん（30代男性）は前回の面接で、「この前受けた資格試験の結果が4日後に出る」と言っていました。今回の面接では結果はもうわかっているはずですが、Vさんは合否結果について自分から触れようとしません。言わないということは不合格だった可能性も考えられますが、タイミングを見てやはり訊いてみることにしました。

〈結果はどうでした？〉

「(淡々と) 合格していました」
〈おめでとうございます〉
「(無言でお辞儀をする)」

　カウンセラーは心の中で、「合格していたのか、それなら言ってくれてもいいのに。しかも淡々と語るなあ」と思っています。そのことをどう取り上げたらよいでしょうか。

ワーク152の解答例
〈……それにしてはあまり嬉しそうに見えませんが〉

　これも言葉と態度の違いを取り上げる言い方です。ただし、表情や姿勢について言及されることを、「嫌なことを指摘されてしまった」と感じる人もいます。カウンセラーの言葉を聞いて、「あなたは気づいていないかもしれませんが、私にはあなたの心が読めますよ」みたいに、上から目線の態度を取られた気がするからかもしれません。指摘するときこそ温かい態度が必要だということを忘れずにいましょう。
　Vさんとの対話は続きます。

ワーク153

感情と表情の違いを取り上げるワーク
（ワーク152の続き）

[事例32]
　カウンセラーは心の中で、「合格していたのか、それなら言ってくれてもいいのに。しかも淡々と語るなあ」と思っていました。そこでこう触れてみます。

〈……それにしてはあまり嬉しそうに見えませんが〉
「私、人から表情が乏しいって何度か言われたことがあって」
〈ほう、合格したのは嬉しい？〉
「それは、まあ嬉しいですけど」
〈まあ？〉
「（無言で頷く）」

　どれほど嬉しいと感じているかはよくわかりませんが、嬉しいと思う気持ちがないことはなさそうです。それをあまり表情に出さないのはどうしてでしょうか。そのことについてどんな言葉で触れたらよいか、考えてください。

ワーク153の解答例

　Vさんは、嬉しいと感じていても、敢えて出さないようにしているのでしょうか。出したらどうなると思っているのでしょうか。それとも、出したくても出せないのでしょうか。出せないのはなぜでしょうか。あるいは、出すべきではないと考えているのでしょうか。そう考えるようになったのは何か理由があるのでしょうか。こうしたことをこの後聞いてみたいと思います。そこで、3つの可能性を挙げる形でこう尋ねてみます。
　〈嬉しいという気持ちは出さない？　出せない？　出すべきじゃない？〉
　可能性を挙げて尋ねることで、クライエントは自分に問いかけやすくなるでしょう。

　感情が表現されない理由としては、他にどういう場合があるでしょうか。
・そもそも特に何も感じていない
・感情を抱いた途端に危険を覚えたため、感情を遠ざけて、なかったことにしている
・感情を出しても仕方がないと考えている
・自分がある感情を抱いていることに気づいてはいるが、モヤモヤするだけで言葉にならない
・言葉にはなっているが、打ち明けたら自分がどうなってしまうか怖くて打ち明けられない
・言葉にはなっているが、相手の反応が怖くて目の前の人に打ち明けられない
　他には？

　ここから先は、クライエントの思いをさらに深く掘り下げるワークが続きます。**ワーク148**では、クライエントが抱える葛藤を取り上げる例を挙げました。葛藤を取り上げるには、他にも〈さっきはこうで、今はこうでした〉〈以前こう言っておられたことがありましたが〉と以前の話と今の話の矛盾を取り上げる言い方もあります。対話例を1つ挙げてみます。

〔対話6-4〕
〈今のお話は、先ほどの話とは逆の方向を向いていますね〉
「どういうことですか」
〈さっき話しておられたのは「頑張って努力したい」という話だったと思います。でも、今お話しになられたことは、言わば「努力なんかしたって報われないから、しても仕方がない」というお話だったでしょう。どうしたいんでしょうね〉
「言われてみるとそうですね。うーん、先生、私どうしたいんでしょう」
〈ええ（頷く）〉
「って、先生に訊いてもわかりませんよね」
〈それはそうですね。自分のことですから。どうしたいんでしょうね〉
「うーん」

　このクライエントは内省的な人ですので、〈どうしたいんでしょうね〉と投げかけるだけにとどめ、クライエントが話し始めるのを待ちます。こういう事例こそ、待つことが大切です。やがて自分で何か言葉を見つけるでしょう。

　クライエントの思いは、カウンセラーが問えばすぐに出てくるものばかりではありません。心の奥にあって、クライエント自身もまだ自覚できていない思いがあるものです。クライエントは自分の心に触れたくても自分の力だけではうまく触れられない状態にあります。ですから、カウンセラーはクライエントが自らの心にさらに深く触れていく手助けをします。それは時に少し突っ込んだ応答になるでしょう。

ワーク154

仮説を伝えて問いかけるワーク①

　クライエントは思春期の娘の非行に困って相談に来た女性です。ここま

で対話を重ねきて、すでにある程度の信頼関係ができているようにカウンセラーは感じています。「娘の気持ちがわからない」という発言を受け、それを一緒に考えるための1つの材料として、クライエント自身が今の娘と同じ年齢の頃、どんな子どもだったかについて話を向けてみます。

〈娘さんの年齢の頃、お母さんご自身はどんなお子さんだったんですか〉
「私ですか？　特にそんな目立つところのない、どちらかと言えば地味な感じの」
〈娘さんの年齢の頃、非行をしたことは？〉
「そんなことしません！」
〈非行はなくても親に反発したことは？〉
「反発したことはありました」
〈表に出していましたか？〉
「うーん、心の中でかな。あんまり外には出していなかったかも」
〈娘さんは出していますね。何が違うんでしょう〉
「……私は舐められているのかな」
〈ん？　どういうことですか？〉
「私の母はとても厳しい人で」
〈前にもチラッとそうおっしゃっていましたね〉
「とても反発を出せるような相手ではなかった」
〈……私はそこまで厳しくないから娘に舐められている、と？〉
「(頷いて) 私がそこまで厳しくないから、娘は出せるんだと思う」
〈出せる〉
「出せるって言うと、よいことみたいだけど」

　カウンセラーはクライエントが「娘に舐められている」と否定的なことを言う一方で、「出せる」と「よいこと」であるかのような言い方をしたことに引っかかりを持ちました。クライエントの複雑な気持ちが表れているように感じます。このことをどう取り上げたらよいでしょうか。

ワーク154の解答例

信頼関係を基盤にして、少し突っ込んだ問いかけを考えてみました。
〈よいこと……もしかして娘さんを羨ましく思うことは？〉
クライエントはこう問いかけられてやや混乱した様子を見せました。
「えっ？　私が？　娘を？　羨ましい……よくわかりません。どうしてですか」

クライエントは娘の非行に悩んでおり、娘との関係について考えようとしています。それを考えるために、カウンセラーはクライエント自身が思春期の頃の自身の母親との関係に話を向けています。それは今の娘との関係を考える上で参考になるかもしれません。また、クライエントと娘の関係は、クライエントとその母親との関係から何らかの影響を受けていることが見えてくるかもしれません。この対話の中でクライエントは自身の母親との関係が、自分と娘との関係とは異なることを意識しました。その際、娘は親に対して反発を「出せる」と表現し、反発することのプラスの面をほのめかし、すぐに打ち消しました。カウンセラーは、「娘のことを羨ましく思っているところがあるのではないか」という仮説を伝えることで、クライエントの目をそのプラスの面にもう一度向けてもらおうとしたと言えます。クライエントは混乱した様子を見せましたが、それを見てたじろぐ必要はありません。次の回になって、「前回、先生から『羨ましいんじゃないか』と言われたことですけど」と自分から話を切り出し、「羨ましいとまで言うかどうかはわからないけど、娘は私ができなかったことをやっている……やっぱり少し羨ましいところもあるのかな」と言うことだってあり得ます。

このようにクライエントの心の動きについての仮説を伝えることで、「確か

に、そうかもしれません」「今までそういうふうな観点で考えたことはなかった」「自分でもおぼろげになんとなく思っていたことが、先生に言われてはっきりしたように思います」「そんなこと、人から言ってもらわないと自分では気づけないので」といった反応が返ってくることを目指します。「指摘されてしまった」ではなくて、「指摘してもらってよかった」と思ってもらえるように。また、「そうではありません」とか「少し違う気がします」という反応に対しても開かれていましょう。そこからまたさらに理解が深まっていくのですから。

ワーク155

仮説を伝えて問いかけるワーク②

〔事例33〕

　クライエントのWさん（20代後半女性）はあまり多くを語る人ではありませんが、時間をかけて自分の気持ちを少しずつ語るようになってきていました。しかし、面接中、何か大切なことを話そうしたところで黙り、しばし沈黙しています。カウンセラーはその沈黙を受け容れ、しばらく待ってから〈今どんなことを考えておられたのですか〉と尋ねてみました。するとWさんは、何か大切なことの中身ではなく、「5年生のとき、母に悩みを話したら、『そんなことぐらいでごちゃごちゃ言わない！』ときつい調子で言われたことがあって……」と小学生のときのエピソードを語りました。それを受けてカウンセラーはその発言の意味を考え、少し経って"Wさんは沈黙の間、悩みをカウンセラーに打ち明けたら、小5のときに母親から言われたのと同じように言われるのではないかと思って言うのをためらっていたということかもしれない"という仮説を持つに至りました。Wさんは寡黙ですが、内省力のある人ですし、信頼関係もある程度できてきていますので、この仮説を伝え、問いかけてみようと思いました。何と言いますか。

クライエントは〈今どんなことを考えておられたのですか〉と尋ねられて、話そうかどうか迷っている悩みの中身についてではなく、悩みを話そうとしたら浮かんできた、話す意欲を削ぐ過去のエピソードを打ち明けました。こうしたとき、カウンセラーのほうが悩みの中身が語られるものとばかり期待していると、質問とは違う話を始められたと戸惑うことになるかもしれません。しかし、ここでクライエントは重要な情報を与えてくれたのです。

ワーク155の解答例

〈もしかすると、私に悩みを打ち明けたら、かつてのお母さんと同じように「そんなことぐらいで」と言われるような気がして、黙っておられたのではありませんか？〉

　Ｗさんはどう反応したでしょうか。

ワーク156

語りを促すワーク（ワーク155の続き）

［事例33］
カウンセラーはＷさんにこう伝えてみました。

〈もしかすると、私に悩みを打ち明けたら、かつてのお母さんと同じように「そんなことぐらいで」と言われるような気がして、黙っておられたのではありませんか？〉

すると、Ｗさんはチラッとカウンセラーを見てすぐに視線を逸らし、無言で小さく頷きました。どうやら的外れではなかったようです。しかし、Ｗさんは悩みの内容を話すことをまだ躊躇しているように見えます。カウンセラーとしては話してほしいという気持ちを持っています。この後何と言えばよいかを考えてください。

ワーク156の解答例
　まずは、〈お母さんから昔そんなふうに言われたことがあったら、確かに言いづらくなりますね〉と共感を伝えます。こう伝えることは大切ですが、これで終わってしまうと、悩みを話してみようという動きが止まってしまうかもしれません。悩みを口に出すよう励ます言葉も伝えておきたいと思います。
　〈でも信頼して言ってみてほしいと思います。それが１つの突破口になるように思いますので〉
　もし小学５年生のときに母親から言われたエピソードをもっと深めてからでないと、悩みの内容を打ち明けられないようであれば、先に小５のエピソードのほうを丁寧に聞いていきます。

　カウンセラーが問いかけることで、クライエントは自分の思いを深く掘り下げ、自己に直面させられることになります。それは時に厳しさを伴います。それだけにカウンセラーはその辛さに配慮しつつ、出てきたものを受け容れ、クライエントが何かを得ていく過程を支える機能を果たす必要があります。クライエントがどこまで直面化できるかは、クライエント個人の力だけでなく、カウンセラーとの関係や、カウンセラーの支え機能、抱え機能によっても左右さ

れます。「掘り下げる」役割と、「温かく支える役割」をバランスよく組み合わせながら、応答の際の言葉を的確に選択する慎重さが求められます。2人で共同作業をしている感覚が持てるとよいでしょう。また、カウンセラーはクライエントが厳しい局面にあることを自覚し、そのことに自身が耐えねばなりません。クライエントは直面する準備ができているのに、カウンセラーが臆して直面させられないのであれば、甘いだけのセラピーになってしまい、進展が見られなくなります。

しかし、そうであっても、ここはこれ以上掘り下げないほうがよいと判断するのが望ましい場合もあります。直面化に耐えうる力が乏しいのに、「何が何でも」とばかりに直面化させれば、「正面衝突」で車は大破しかねません。そのことをWさんの例の続きで考えましょう。

ワーク157
敢えて掘り下げない配慮をするワーク
（ワーク156の続き）

[事例33]
3回後の面接で、Wさんはさらに遡って、小学4年生の頃、父親と母親がケンカする声を聞いて、怖くて自分の部屋に籠ってじっとしていたというエピソードを語った後、また沈黙に入りました。Wさんは何かを感じているようだったので、カウンセラーは黙ってWさんが話し始めるのを待つことにします。その間、カウンセラーは、小4のWさんがケンカする両親の声を聞いて怖がっている光景を思い浮かべ、次に自分自身が子ども時代に両親のケンカを経験したときの感覚を思い出し、そして目の前に座る現在のWさんのところに戻ってきます。3分ほどが経過したところで、カウンセラーは口を開きます。

〈今どんなことを感じておられましたか〉
Wさんは顔を上げて、カウンセラーを見ます。

「何の話をしていたんでしたっけ？　なんだかすっかり飛んでしまいました」

〈小学生の頃に、父親と母親がケンカする声を聴いて、怖くて自分の部屋に籠ってじっとしていたという話でした〉

「ああ、そうか……」

Ｗさんにとってそのときの感情を感じ続けることは、今は難しいのかもしれないと、カウンセラーは思います。

〈今はまだその話をするのは辛い感じでしょうか？〉

Ｗさんは戸惑いながらも「ええ」と肯定します。カウンセラーは一旦話を浅くし、広げる方向に進もうと考えました。例えばどんな言い方をし、その後はどんなことを訊いていきますか。

ワーク155の沈黙では、Ｗさんは意識して小５のときのエピソードを考えているようでした。それに対して、今回は途中までは小４のエピソードを思い浮かべていたのでしょうが、途中でそれに耐えきれなくなり、頭が真っ白になったようでした。こういうときは無理せず、話の掘り下げを一旦控えましょう。より安全感が高まれば、いずれ語られるはずです。

ワーク157の解答例

〈それはそれで大切な話だと思いますが、今は少し話題を変えましょうか。小学４年生のとき、自分の部屋があったんですね。おうちの中のどこにあったんでしょう。１階とか２階とか〉

話を敢えて浅くするというカウンセラーの意図を先に伝えてから、実際に話を浅くしています。これはあくまでも例の１つですが、間取りを尋ねて、どんな部屋で、部屋でどんなことをしていたのか、小学生のときはどんな子どもだったのかを聞いていきます。こうやって話を変えてはいますが、全く関係ない話をしているわけではありません。間取りを聞いておくことは、例えばいつか

両親のケンカの話に戻ってきたときに、具体的にイメージを広げながら聞くのに役立つはずです。クライエントの沈黙については『Q&A』114～117も参照してください。

第7章

見立てを伝える

ここまで、クライエントから事実関係を聞き、思いを聞き、掘り下げ、明確化する作業をしてきました。その作業を通して、クライエントについての見立てが徐々に形作られていきます。そうやって得られたその時点での見立てをクライエントにどう伝えるかがこの章のテーマです。前著『**見立てと方針**』では、見立てを「査定によって得られた情報群をもとに組み立てられた、事例全体についての仮説的な心理学的理解」と定義しました (p.10)。また、診断との違いに触れ、見立てを「そのクライエントの個別性に立脚し、症状やいわゆる不適応行動、心理的特徴、その背景要因との絡みをストーリーとして、あるいは概念的な図式として表現する行為である」としました (p.11)。本書でもこれらの定義は変わっていません。

　クライエントはカウンセラーの見立てを聞きたがっているでしょうか。「先生は私のことをどう考えているのかを聞きたい」と正面から尋ねてくるクライエントもいますし、尋ねてこないクライエントもいます。話を聞いてもらうことで満足する人、受け容れてもらうことで満足する人、話すことで自ら気づきをどんどん得ていく人、カウンセラーからヒントをもらって自ら行動し、変化を実感していく人であれば、見立てを伝える必要性はそれほど感じられないかもしれません。しかし、尋ねてこないからといって関心がないのではなく、訊きたくても訊けない人もいるでしょうし、「こっちから訊かないと言わないのはどうしたわけだ」と不信感を持っている人もいるでしょう。実際、カウンセリングを受けていろいろ話をしたが、特に何も言ってもらえず手応えが感じられなくて途中で行くのをやめたという人がいます。自分の身に何が生じているのか、自分はどういう人間なのか、心の中で何が起きているのか、カウンセラーから見たらどう見えるのか知りたいと望むことはおかしなことではありません。

　言葉で伝えないと伝わらないでしょうか。言葉で伝えなくても、カウンセラーが理解していること、感情を的確にとらえていることは、表情や声の調子などを通して伝わることがあります。その場合には、必ずしも言葉で伝えなくてもよいでしょう。では、言葉で伝えなくてもいつも伝わるかと言えばそんなことはありません。しっかりと丁寧に伝えたら伝わったという体験を一度でもすれば、伝えることの必要性は実感できると思います。

　クライエントの話を聞くうちに、カウンセラーの中に「こうなのではないか」

という気づきが生まれます。自分が思いついたことが確かにそう言えるのか、回を重ねる中で他のデータと照らし合わせながら確認していき、「どうやらこれは確からしい」という感覚が高まります。それにつれて、言葉がまとまってきて最も適切な言葉へと熟成されていきます。「こういう表現なら言えるかもしれない」と思ってタイミングを待ちます。そして、「今なら言える」と思ったときに見立てをクライエントに伝えます。この辺りのことは『Q&A』144と150も参照してください。

カウンセラーは、クライエントの話をまとめ、それを心のこととして意味づけ、起きているのはおそらくこういうことです、と提示します。クライエントは自分がそれまで思いつくままに話してきたことがコンパクトにまとまって返ってきたことに驚いたり、「ああ、そういうことか」と気づきを得たり、与えられた言葉をもとにしてさらに自分で感じ、考えようとするでしょう。

カウンセリングがある程度少し進んできた頃の見立ての伝え方の例を1つ挙げてみます。

〔対話7-1〕
〈お話を伺ってきて、私が考えていることをお伝えしますね。複雑な家庭環境の中で親に甘えられず、小学生の頃は外でよくケンカを吹っかけていた。でも中2くらいから自分の思いを隠す術を身につけて、それなりに社交的に振る舞えるようになった。とはいっても、大人になった今でも心の中には人に頼りたい気持ちを秘めている。親しい人間関係を作ろうとすると、その頼りたい思いが出てきて強く求めてしまう。でも、相手はそれに応じきれなくて、結局自分が求めているような関係は築けない。すると怒りが湧いてくる。それを相手にぶつけてしまって、求めているはずの信頼関係とは逆の方向に行ってしまう。それで「自分の人生に価値はない、空しい、孤独だ」と落ち込むことになっているのではないでしょうか。本当にほしいのは信頼関係なのに、そして自分なりにそれを得ようと努力しているつもりなのに、なかなかうまくいかないと感じておられるんですね〉

「……うん、そうだと思う。……でもどうしたらいいのか……」
〈今の話で言えば、人に頼りたいという思いを、頼りすぎにならない程度に出

して満足を得られるようになればよいということになります。その方法を一緒に見つけていけたらと思うのですが〉
「うん」

　伝える際には、できる限り専門用語を避けて、わかりやすい言葉を使います。知的にかなり高い人の場合は、専門用語を使うほうが受け容れられやすいこともありますが、その場合でもそれが知性化として作用していないかを点検する必要はあるでしょう。
　『見立てと方針』でも繰り返し述べたように、見立てはあくまでもカウンセラーがその時点で抱いている仮説的理解です。ですから自らの見立てを修正することに開かれていなければなりません。見立てを伝えた後、いつも肯定的な反応が返ってくるとは限りません。あまりしっくりこない、納得がいかないという反応もあるでしょう。そのときは、「自分が正しいことを言っているのに納得しないのはおかしい」みたいに考えて説得しようとするのではなく、〈あまりしっくりきませんか〉と受け容れ、〈また一緒に考えていきましょう〉と今後の取り組みにつなげます。
　また、クライエントの心の中に言葉を封入して、クライエントに「カウンセラーの見立て通りだ」と思い込ませてしまうようなことにならないよう注意すべきです。そう考えると、クライエントが自身の言葉で自分を語れるようになるのを待つことの大切さがわかります。一方で、カウンセラーから言われた言葉が当面の自己理解となり、自己の支えとして機能することもあり得ます。カウンセラーの仮説を受け容れるように説得するのではなく、「私はこう思いますが、あなたはそれを聞いてどう思いますか」というふうにさらに対話を続けていく姿勢を持ちましょう。
　見立ての形成には時間がかかりますが、情報を十分に集めてからでないと何も言えないというわけではありません。インテークの終わりには、その時点で集まった情報をもとに、カウンセラーとしての理解を伝え返します。後になれば、あのときの理解はまだまだ乏しいものであったと認識するに至るでしょうが、それは仕方がないことですし、見立てが成長してきた証でもあります。わずかな情報しか得られていないように感じていても、そこから考えられること

はあります。その時点で言えることを言い、できることをすればよいのです。
　見立ての伝え方の例をもう1つ挙げましょう。今度は5回が経過したところで、クライエントからカウンセラーとしての理解を尋ねられた例です。まだ、個別性に基づいた理解には届きませんが、その時点での見立てと方針を伝えています。

〔対話7-2〕
　クライエントは50代前半の男性で、強迫性障害（確認強迫）の診断がついています。カウンセリングが継続となって5回目の冒頭で、「今日は先生のお考えを聞かせてもらおうと思って」と言いました。実は、カウンセラーのほうも、そろそろ見立てを伝えないといけないな、と考えて言葉を用意してきていました。タイミングが不思議と合致し、「阿吽の呼吸」といった感覚を抱きながら、次のように答えます。

〈たとえ話をしますね。ガラスのコップを手に取ろうとして手元が滑って、テーブル上に落ちて転がったとします。コップが割れていないか、ひびが入っていないかが気になって確かめますね。割れていなければ「よかった、大丈夫だ」と安心します。でも、しばらく経って、本当にひびが入っていないか心配になってきます。今は大丈夫のように見えるけど、実は割れているんじゃないかとか、翌朝になって割れていたらどうしようとか思えてきます。そこでひび割れがないことを何度も確かめますが、それでも納得は行きません。心配は際限なく続きます。結局のところ、「割れていなかったから大丈夫」では安心できないということです。それが「割れていたって大丈夫」と思えたときに、確認の症状から解放されるんだと思います。もう一回り大きな安心感と言えばいいでしょうか。
　この病気になる以前は「割れていたって大丈夫」と思えていたはずですが、あるときからなぜかそう思えなくなったんですね。そうした安心感を妨げるものが何かあるのでしょう。私が思うには、ここまでお話しになっていた、これからの家族との生活や職業生活に不安を抱えておられることが関わっているんじゃないかと思うんです〉

第7章　見立てを伝える

「ああ、思い当たるところがあります」
〈そうですか〉
「どうすれば？」
〈1つ目は、その不安の正体を突き止めること。正体がわかったら不安に対処しやすくなるので、もう症状を出す必要がなくなります。2つ目は、確かめたくなっても敢えて確かめないで我慢していると、そのうちだんだんどうでもよくなってくるというやり方。3つ目は、確認するという症状があっても、生活の中でできることは他にたくさんあるので、症状以外のできることを一所懸命やる。すると、症状にとらわれることが減って、その結果症状が減ってくる。ざっくり言うとこんな道があります。どれが合うかはその人によるので、＊さんの場合、どれが合うかです〉

『見立てと方針』では見立てを図にするワークをいくつかやりましたが、本書でもやってみましょう。Wさんの事例です。

ワーク158

見立ての図を作るワーク（ワーク156の続き）

〔事例33〕
〈お母さんから昔そんなふうに言われたことがあったら、確かに言いづらくなりますね。でも信頼して言ってみてほしいと思います。それが1つの突破口になるように思いますので〉
そう伝えると、Wさんは口を開きました。

「同僚の＊さんから愚痴をいろいろ聞かされるのが辛い」
〈愚痴をいろいろ聞かされるのが辛い〉
「(頷く)」
〈そういうときはどうしているの？〉

「黙ってる」
〈黙ってる〉
「(＊さんから)『どう思う?』とかって聞かれるけど……」
〈……けど、黙ってる?〉
「そう。『難しいな』くらいは言うけど」
〈黙ってるのはどうして?〉
「言っても仕方ないっていうか…」
〈仕方ない〉
「こっちが思ったことを言っても、相手が言ってほしいことと一緒とは限らない。何か言って、『でも』とかって言い返されて気まずくなるのが嫌」
〈ああそうか。それで黙っている〉
「(頷く)」

　それを聞いて、カウンセラーの中には、言い返されたらさらに言い返すことができるかもしれないが、それについてはどう考えているんだろうという疑問が浮かび、そのことを尋ねてみました。

〈言い返されたら、こっちも言い返すというのはどうなんでしょう〉
「私はそこまで強くない」
〈なるほど……思うことはあるけど言えない、っていうのはストレスが溜まりそうな気がするけど〉
「会わないわけにはいかないし……」
〈同僚だからね〉
「(頷く)そういう日は好きなものをいくつも買ってきて食べるから太ってしまう。それでまた罪悪感」

　ここまで話を聞いてきて、カウンセラーは頭の中に見立ての図を描いてみようと思いました。愚痴を聞かされることから、食行動、そして罪悪感へと続く流れを図にしてみてください。

ワーク158の解答例

例えばこんな図にしてみました。

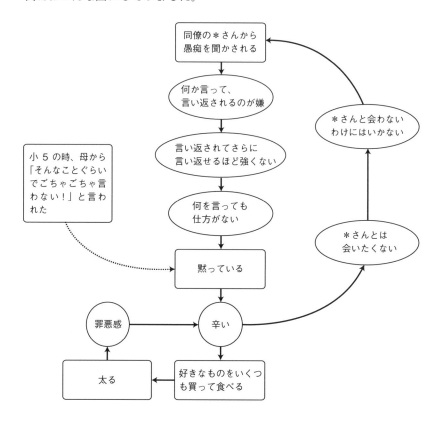

図 7 - 1 〔事例33〕の見立ての図

ワーク159

図を使いながら見立てを伝えるワーク
（ワーク158の続き）

〔事例33〕
　カウンセラーは、自分の頭の中だけでなく、Wさんと対話しながら見立

ての図を書いていくことにしました。白い紙を1枚取り出してこう言います。

〈今の話を図にしてみたいのですが、かまいませんか。目に見える形にすると心の中が整理されやすいかと思って〉
「(小声で) お願いします」
〈違うと思ったら遠慮せずに言ってくださいよ〉
「はい」

カウンセラーは先ほどのWさんの言葉を繰り返しながら上から下へと書いていき、循環図を描いた後、右の列を付け足します。Wさんは時折頷きながら図が書かれていくのを見ています。カウンセラーは最後に〈これも書いておきましょうか〉と言って小5のときの母とのエピソードを左に書き加え、点線でつなぎます。

〈こんな感じで合っていますか〉
「はい」
〈他に書き足したいことは？〉
「ないです」

さて、この後、図7-1に基づいてカウンセラーの見立てを伝えようと思います。何と言いますか。

対話の形で書いてみます。

ワーク159の解答例
〔対話7-3〕
〈言いたいことはあるけど、言えずに我慢した分、食べることで欲求を満たしている感じかな〉

「そうかもしれない」
〈それでおなかは一杯になるけど、太ってしまって罪悪感が出てくる〉
「(頷く)」
〈そうか。人付き合いでは、随分と我慢しているんだね。1つは、そんなに我慢せずに、その場で思ったことを口に出せるようになる。もう1つは、不快に思ったことを他所で吐き出して流せるようになる。そうすると、もっと楽に人と関わっていけそうだけど。Wさんはどう思いますか〉

この後の方向性としては、
① 同僚との関係や具体的なやりとりを聞いて、次に愚痴を聞かされたときの対策を一緒に練る
② 食べることで太ってしまうという悪循環を断ち切る
③ 母親（両親）との関係を掘り下げ、とらわれから解放されて、人と争う場面でも自分を保っていられるようになる
といったことが考えられます。
他には？

見立てを伝える言葉の例を他に5つ挙げます（表7-1）。

表7-1　見立てを伝える言葉の例

- 〈今日お話を伺って思ったのは、人に頼りたいっていう気持ちが強いこと。だから、人から言われたことが自分の中にスッと入ってきてしまう。自分の考えのようでありながら、実は他の人の考え。「周りからは自分の考えを持っているように見られているけど、自分では"自分がない"ように感じている」というのはきっとそういうわけなのでしょう〉

- 〈これまでの話を聞いていると、あなたは「お母さんはいつもそうだ。私のことを何もできない子だと思って、あれこれ言ったりやったりしてくるけど、私だって1人でできる。私のことをもっと信頼して

よ。"あんたはやったらできる子だ"って言ってよ」ってお母さんに言いたがっているように聞こえるけど、どうかな。それでお母さんに時折イライラして、怒りをぶつけてしまう。でも、そうしたところで何にイライラしているかはお母さんに伝わらないので、ますますイライラしてくるんじゃないかな、って思うんだけど〉

● 〈人には優しいのに、自分には厳しくしてしまうんですね。しかも、肝心なときほど自分に厳しくなる。それで苦しくなってしまう。どうやって自分に優しくなっていけるかが取り組むべきテーマかな〉

● 〈あなたがクマの人形をギューッと抱きしめたいように、あなた自身がギューッと抱きしめられたいという愛情の欲求を持っておられる。でもそれが満たされない、満たされなかったという辛さが基本にある。本当は人に頼りたくて、自分の話を聞いてもらいたいんだけど、頼るとベタッともたれかかってしまいそうなので逆に頼りにくい。頼りたいと思う自分の欲求が大きいので怖くなるんですね〉

● 〈こちらから言ってわかってもらうんだったら意味はない。言わなくてもこれくらいはわかってほしいと思うけど、相手はわかってくれない。それで「なんでわかってくれないのか」と思ってムッとした態度を取ったり、きつい言葉を投げつけたりしてしまう。そのため人間関係がぎくしゃくする。そうすると今度はそんな自分が嫌になって自分を責めてしまう。こんなパターンを繰り返しておられるように思います。言わなくてもわかってもらえるなら確かにそのほうが楽。でも、自分が工夫してそれでわかってもらえるようになっていくなら、結局はそのほうが楽になるんじゃないかなという気もしますが、それはどう思いますか？〉

　見立てを伝えられることで、クライエントは「ああ、そういうことか。わかってきたぞ」とか「ようやく人にわかってもらえた」といった反応を示すこと

があります。ある種の開放感を伴った喜びの反応でしょうか。また、カウンセラーの言葉を聞き、自分の心に問いかけ、「確かにそうかもしれない」と感じ、「そうか、そういうことか」と受け容れたとき、クライエントの心に哀しみの感情が湧くことがあります。例を挙げます。

〔対話7-4〕
　カウンセラーが見立てを伝えると、クライエントは頷いて黙り、そして涙を流して静かに泣き始めました。しばらく落ち着くのを待って、〈こう言われて、きつく感じられましたか？〉と尋ねると、「いえ先生、そうじゃないんです。今までそんなふうに言葉ではっきりと言ってくれた人は誰もいませんでした」との答え。自分には手に入らなかったこと、失ったこと、長い間「勘違い」していたこと、自分自身では気づけなかったこと。そうした現実に直面して哀しくなったのでしょう。その哀しみを味わった後で「今日は先生の言葉が聞けて、本当に来てよかったと思います。これで私もようやく前に進めそうな気がします」と言いました。クライエントの抱くこうした哀しみを受け取るとき、カウンセラーも哀しくなります。その哀しみは、人としての私の哀しみにも通じるからなのでしょう。

　『見立てと方針』の第6章〔事例22〕では、概念図を書きながら見立てと方針（目標）を文章化しました。その図をもとにクライエントに見立てと方針を伝え、カウンセリングの継続へとつなげる際の言い方を具体的に考えてみましょう。

ワーク**160**

見立てを伝えてカウンセリングの継続へと
つなげるワーク①

〔事例22〕
　20代後半の女性、Pさん。電話申込時の主訴は「休職中。職場の雰囲気が殺伐としていて、特に上司との関係がうまくいかない。うつであまり眠

れず、腹痛もあって心療内科クリニックで投薬を受けている」ということでした。インテークでのやりとりを通して、カウンセラーは頭の中で概念図を少しずつ書き足し、以下のように見立てをまとめました。これをもとにPさんに見立てを伝え、目標を確認し、カウンセリングの継続へとつなげる対話の組み立てを考えてみてください。

見立て

「Pさんの抑うつ気分や不眠、腹痛は、職場の人間関係上のストレスに由来するものと考えられる。そのストレスは、課長の大声での叱責などの『殺伐とした』職場環境に起因するところが大きそうだが、Pさん自身、中学以降、友人関係を作ることに困難を抱えていることからすれば、Pさん側の社交性や対人認知といったパーソナリティの特徴が居心地の悪さにつながっている可能性も考えられる。また、職場で感じる怖さの背景には大声で叱ることのあった父親との関係が影響していることが推察される」

インテーク終了時点での概念図を再掲しておきます。

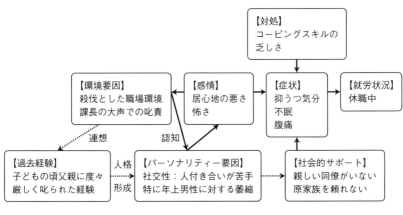

図7-2 〔事例22〕の概念図

ワーク160の解答例

〔対話7-5〕

〈時間も残り少なくなってきたので、今日のお話を伺ってこちらが考えたことをまとめてお話ししたいと思います〉

「はい。お願いします（少し身構える）」

〈（笑顔になって）いえ、そんなに緊張しなくても大丈夫です〉

「（照れくさそうな笑顔を浮かべて）はい」

〈Pさんには抑うつ気分、不眠、腹痛という症状があるわけですが、それには、殺伐とした職場環境によるストレスが大きく関わっていそうです。課長が大声で叱責したりするので、怖いし居心地が悪くて殺伐としている。それで今は休職するまでになっていて、復職するのかどうかを決めていかないといけないということですね〉

Pさんは黙って頷きます。最後まで一通り話を聞きたいという構えがあるように感じられたので、このまま続けます。

〈今回は環境の要因が大きそうですが、振り返ると、中高時代から人付き合い全般は苦手だったし、以前から年上男性に対して萎縮するところがあるということですから、人間関係にあまり自信が持てず、苦労されてきたんだなと思いました。そしてお父さんのことも出てきましたから、子ども時代のことも何か関わっているのかもしれません。今は職場でも家でもあまりサポートが受けられていないようなので、ここでカウンセリングを継続して、どうして行くかをご一緒に考えていけたらと思うのですが、いかがですか〉

「お願いします」

〈それで、何を目標にするかですが。ご自分ではこんなことができたらいいと考えておられることはありますか〉

「休職期間が残り3ヵ月になったんです。復職を目指すのか、転職するのか、転職までは考えずにともかく退職するのか迷っているので、どうするかを決めたいと思って、今回カウンセリングに来たんです。復職するにしても今の部署に戻るのか異動を願い出るのかというのもあるし」

〈現時点ではどうしたいと思っていますか〉

「できれば復職したいですけど、そのためには症状がよくならないといけな

い。今のままでは復職できないと思うんです。でも薬だけでは症状がなくならないし……自分の性格も関わっていそうな気がします」

〈これは確認ですが、こういう場合、課長をパワハラで訴えたいという方もおられますが、その点は？〉

「あ、いえ、職場の雰囲気が変わってくれるならありがたいですけど、課長をパワハラで訴えたいわけではありません」

〈わかりました。休職期間が残り3ヵ月となったので、今後の自分の道をどうするかを決めたい。今の時点では、できれば復職したいと考えているので、症状を何とかしたい。そういうことですね〉

「（頷く）」

〈最終的に復職するか転職するか退職するかはともかく、今の時点では復職を目指すことを第一に考えて、症状が改善するように進めていきましょう。そのためには、薬物療法と並行して、カウンセリングで居心地の悪さや怖さがどこから来るか、それが性格とどう関係しているかといったことを一緒に考えてみましょう。そのうち、どうしたらいいかだんだん見えてくるはずです。たとえ復職ではなく転職の道を進むことになっても、生きていく上で人間関係は大切だから、今検討してみることはいずれにしても役に立つんじゃないかと思います〉

「はい」

〈ここまでのところで何か付け加えたいこととか、ちょっと違うと思ったことはありませんか〉

「いえ、ありません」

このようにインテークでは、見立てと方針を伝えつつ、必要に応じてカウンセリングの継続につなげていくことになります。同じことを希死念慮があるクライエントの例について考えましょう。

ワーク161

見立てを伝えてカウンセリングの継続へと
つなげるワーク②

　クライエントは大卒後就職して2ヵ月の男性。退職したい気持ちと続けたい気持ちの間で揺れており、希死念慮が時折見られます。インテークで話を聞き、次のように見立てを伝えました。

　〈自分でも今のままではダメだと思っている。でもうまくいかない。うまくいかないことに直面するのは辛いから逃げたくなる。でも逃げているだけじゃダメだというのもわかっている。そうやって悩んでいると、もうどうでもいいみたいな気持ちになることがあるんじゃないかな〉

　クライエントはじっと聞いていました。そして、カウンセラーの目を見て頷きました。カウンセラーはこのクライエントをカウンセリングに誘おうと考えます。そして、自殺企図を防ぎたいと思います。どんな言葉をかけたらよいでしょうか。

ワーク161の解答例

　〈死んでしまうくらいなら、会社を辞めるほうがずっといい。でも辞めてどうするかが見つかっていないのに辞めるのも不安だよね。といって、続けるのもどうしていいかわからない。そういう葛藤の只中にいたらそれは辛いと思う。

君のそうした葛藤を一緒に抱えたい。続けるならどうする、辞めるならどうするというのを一緒に考えたいと思うんだけど。やってみませんか〉

他には？

「こう言えば自殺は必ず防げる」という魔法の言葉はありません。だからこそ、クライエントとの会話の中で自分の心に浮かんだ言葉をあれこれ言って、つながりを保とうとします。希死念慮が語られ、それを口に出して止める必要がある場合の言い方をいくつか紹介します（表7-2）。ただし、これを暗記して言ってもうまくいきません。やりとりの中で、そのとき自分の心に浮かんだことを言うからこそ、クライエントの心に伝わるのです。

表7-2　自殺企図を止める際の言い方の例

- 〈先延ばしにしてみませんか？　先延ばしをすることで味わう苦しみについては私が話を伺いますから〉
- 紙に「死に急がず。生き急がず」「また明日、明日になったらまた明日」と書いて渡し、〈死にたくなったときにいつでも見られるように、これを手元に持っていてください。これだけはお願いします〉
- 〈僕は君の死生観の話を聞いてとっても面白く感じている。これから君が生きていく中でそれがどうなっていくかにも興味がある。もうこの話は終わり？　聞けなくなるの？　残念だなあ〉
- 〈50年前に、『30歳以上の大人を信じるな』と言っていたロック歌手が、今や80歳にもなって、まだロックをやっている。それはそれでいいんじゃないかなって思うんだけど、どうだろう〉
- 〈遺書を書いてみたんですね。それって誰に読んでほしい遺書ですか？　せっかく書いたんだから、死ぬ前に読んでもらったらどうでしょう。遺書って普通は死んだ後に読んでもらうものだけど、それじゃあ、読んだ人の反応をあなたは知ることができない。それはもったいないから、先に読んでもらいましょう。「はい、これ私の遺書。読んで」って言ったら、渡された人がどんな顔するか、ちょっ

第7章　見立てを伝える

と楽しみな気がしますけど〉
- 〈ついに好きな人ができたから一緒に心中したいって言うけど、心中って、「心の中」って書くんだよ。心の中で、好きな人と一緒に死ぬっていう美しい物語を想像するのは自由。そんな物語は昔からある。だけど、心の中だけでしたらいいんじゃないの。せっかく好きな人ができたんだから、他にもっと楽しいことがありそうなものだけど〉
- 〈じゃあまた来週〉「もう来ないかもしれませんよ」〈いや、それでも待ってるから〉
- 「死にたいっていうのをどうして止めるんですか。根拠は何ですか」〈なんでもや〉「無理やりですね」〈そうやな〉

　特に最後の2つの言い方の例は、力ずくとも言えます。こうした言い方には、心理学的な仮説を超えて、カウンセラーとして「こうしたい」「こうなってほしい」という思いが込められています。カウンセラーとしての思いを伝えることについては第9章で取り組みます。

第8章

思いを揺らす・作戦会議・提案

カウンセリングは、クライエントの心に何らかの意味で変化を引き起こすものです。本章と次の章では、変化を促す方法について取り上げます。カウンセリングや心理療法に学派が存在するのは、心が持つどの機能に注目し、どのような方法で変化を促すかについてさまざまな考え方、進め方があるためです。それぞれの学派が主張する考え方や方法について紹介することが本書の趣旨ではありませんので、その点については各学派の書物に当たっていただきたいと思います。

まもり・ゆるみ・ながれ・めぐり

　ここで、心の不調と回復について、学派の違いを超えて通底すると私が考えることについて少し述べておきます。生命活動は、エネルギーの不断の交換からなります。呼吸器系では酸素を摂り入れ、二酸化炭素を排出しますし、消化器系では食物を摂り入れ、栄養を吸収し、残り滓を排出します。要するに、摂り入れられたものは管の中を流れ、交換され、循環し、不要になったものは外部へと排出されます。死とはこの交換と循環の停止です。心はどうでしょうか。心もまたこうした交換と循環のシステムを持っています。外から入ってくる刺激に対して、快と思われるものは摂り入れて自らを活性化する栄養としますし、不快なものはなるべく入ってこないように防衛する一方で、入ってきてしまった場合は上手に処理して、外に排出しようとします。心が生き生きとしているということは、こうした「ながれ」と「めぐり」の機能がうまく働いているということです。逆に言えば、心の不調とは、この「ながれ」、「めぐり」が滞り、「こり」や「つまり」の状態になっているのだと言えます。あるいは、巡ってはいても、グルグル回るだけで出口なし、ということもあるでしょう。こうしたことが心理学で「固着」とか「固定観念」とか「とらわれ」とか「凍結」とか「行き詰まり」とか「認知の固さ」とか「不合理な信念」とか「悪循環」とか「反復」とか言われているものです。ですから、心の健康を回復するためには、心の中の「ながれ」や「めぐり」をよくすることが必要です。それは、自分の外の世界との交換を改善するでしょうし、それによってまた心の中の「めぐり」もよくなります。

　「こり」や「つまり」を改善するには、「ゆるみ」が必要です。「ゆるみ」を作

るには「さすり」や「ゆすり」が効果的です。そこでカウンセラーはクライエントの心を揺らします。時には多少強く揺さぶることもあります。それだけに、揺らすときには「まもり」が大切になります。このような意味で、心理療法とは、「まもり」を整えながらクライエントの心を揺らすことで「ゆるみ」を生み、「ながれ」を作り、心の「めぐり」をよくすることだと言えるでしょう。もし、流すための回路が単純すぎて、いつも同じ回路を通すためにうまくいかないのであれば、回路を複雑にする作業が伴います。

　少し大きなことを書きました。ワークに戻りましょう。変化を促す応答の最初として、クライエントに問いかけてその心を揺らす例をいくつか取り上げます。心を揺らす応答は、実はここまででもすでにたくさん紹介しています。事実関係にせよ、思いにせよ、質問するということは、クライエントの発言にはてなマークを付けるということです。「それは当たり前のことではありませんよ」というメッセージを送っているわけです（『Q&A』108）。カウンセラーに問いかけられることで、クライエントは自分にとって当たり前になっていた言葉や考えを問い直し、自分の感情や思考のパターンに気づくことがあります。また、第6章では思いを掘り下げることをしましたが、特に**ワーク154〜156**は、見立てのための情報を集めるとともに、クライエントの心を揺らして変化を促しているとも言えます。〔対話6‐4〕のように矛盾を指摘するのもそうですし、同じパターンの繰り返しを指摘するというのも揺らす応答になります。見えない共通点を見つけるというのもその一種です。例を1つ挙げましょう。
　〈今のお話は、"最近、理屈に合わないことで人から嫌な思いをさせられた。それを自分でどう受け止めたらいいか"ということでしたけれども、その意味では、今日の最初におっしゃっていた昔の話もよく似ていますね。最近の話かずっと昔の話かが違うだけで〉
　クライエントの話をいくら受容的、共感的に聞いていても、受容できないこと、共感できないこと、腑に落ちないことが出てきます。そのとき、受容し、共感しているふりをするのは違います（『Q&A』56）。それではカウンセラーが自己一致していないことになります。初心カウンセラーの中には、本心からそうだと思っていないのに、クライエントに合わせて〈そうですね〉のような相

槌を打ってしまう人がいます。カウンセラーも「私らしく」あってよいのです。クライエントに媚びる必要はありません。クライエントがあまりに自虐的な笑い話をして、面白いでしょと同意を求めて来ても、笑えない気がするなら、〈んー、なんだか今のは笑えないなあ〉と率直に返せばよいのです。あるいは、話を聞いていて腑に落ちないことがあれば、それは自然とカウンセラーの表情や仕草に現れるでしょう。そうしたカウンセラーの様子を見て、クライエントが「違いますか……」とか「先生は違うことを考えておられるようですね」と発言することがあります。クライエントからすれば、「普段、受容と共感の態度で話を聞いてくれる人が、この点ではスーッと納得しなかった」と意識する体験となるでしょう。違和感を下手に隠すことはありません。時には、腑に落ちず心に引っかかること、違和感を自覚し、そこから自分が感じたこと、考えたことをクライエントに率直に語ります。そうした言葉や姿勢がクライエントの心を揺らし、変化につながるのです。

この後、Ｖさんの事例を再び取り上げます。〈嬉しいという気持ちは出さない？　出せない？　出すべきじゃない？〉というカウンセラーの質問の後、Ｖさんの答えを3通り挙げます。答えが違えばその後の展開は当然違ったものになります。まずは1つ目から。

ワーク162

問いかけて思いを揺らすワーク①（ワーク153の続き）

[事例32]
　クライエントのＶさん（30代男性）は前回の面接で、「この前受けた資格試験の結果が4日後に出る」と言っていました。今回の面接では結果はもうわかっているはずですが、Ｖさんは合否結果について自分から触れようとしません。言わないということは不合格だった可能性も考えられますが、やはり訊いてみることにしました。

〈結果はどうでした？〉
「（淡々と）合格していました」
〈おめでとうございます〉
「（無言でお辞儀をする）」
〈……それにしてはあまり嬉しそうに見えませんが〉
「私、人から表情が乏しいって何度か言われたことがあって」
〈ほう、合格したのは嬉しい？〉
「それは、まあ嬉しいですけど」
〈まあ？〉
「（無言で頷く）」
〈嬉しいという気持ちは出さない？　出せない？　出すべきじゃない？〉
「いいことがあってもまた悪いことが起きるから、あまり喜ばないようにしている」
〈それで今回も喜ばないようにしているってことですか〉
「（頷く）」

　表情が乏しいのは、よいことが起きても喜ばないようにしているからだということが見えてきました。「いいことがあってもまた悪いことが起きるから、あまり喜ばないようにしている」という言葉にはＶさんらしい態度が現れているように思いますが、カウンセラーとしては心がモヤモヤするのを感じます。このモヤモヤは何だろうと考え、「確かによくないことはまた起きるだろう。でも、よいことがあれば喜ぶ人は喜ぶけどな」ということだと自覚しました。このことを問いかけて、クライエントの思いをさらに掘り下げたいと思います。何と言いますか？

ワーク162の解答例

〈確かに、よいことばかりじゃなくて、よくないことだって起きるでしょうね。ただ、またよくないことが起きるからこそ、今喜ばずにいつ喜ぶんだ、と言う人もいると思いますが、それはどう思いますか?〉

〈今喜ばずにいつ喜ぶんですか〉というような言い方はしていません。それでは自分の考えを押し付けることになってしまいます。どういう考え方が正しい、間違っているということではありません。人の考え方はそれぞれ違っていてよいのです。目的はクライエントとは別の考え方の例を挙げて、クライエントの考えを揺らし、クライエントの考えを聞いて一緒に話し合うことにあります。
　2つ目に移ります。

ワーク163
問いかけて思いを揺らすワーク②
(ワーク162のヴァリエーション)

[事例32]
〈嬉しいという気持ちは出さない?　出せない?　出すべきじゃない?〉
「嬉しさを表に出すと、自慢しているように受け取られて嫌われたら困るので、出さないようにしているんです」
〈ああ、自慢していると思われたくないから出さないようにしている〉
「(頷く)」
　嬉しさを表に出して実際に嫌われた経験があるかないかで違いがありそうですから、そのことを尋ねてみます。
〈実際に、嬉しさを表に出したら自慢しているように受け取られて嫌われた経験はありますか〉
「ええ。高校時代にそんなことがあって。それまでは仲がよかったんですけど、その子は気に食わなかったのか、それから関係が疎遠になっていって」

カウンセラーは、一旦Ｖさんの気持ちを受け止めます。
〈確かに、一度そういうことがあると、また同じことが起きないようにと思うのは無理のないことかもしれません〉
　しかしカウンセラーは「喜びを感じること、それを表に出すこと自体は悪いことではないけどな。自慢と受け取られないような喜びの出し方ってないのかな」とモヤモヤを感じています。そのことをどう取り上げたらよいでしょうか。

ワーク163の解答例
〈でも、喜びを感じること、それを表に出すこと自体は悪いことではないように思うんです。確かに自慢と受け止められてばかりだと困りますが、それをあんまり恐れていたら喜びを表現することができなくなりますね。どうやって喜んだらいいのかなあ、っていう気がしましたが〉

　クライエントは何と返すでしょうか。「喜びは１人で嚙みしめればいい」と言うでしょうか。そのほうが安全でしょうか。喜びを誰かと共有したい気持ちはないでしょうか。まずは、カウンセラーとの間だけでも喜びを表現し、共有することはできないでしょうか。カウンセラーとの関係の中で喜びを表現し、それも悪くない、怖くないという安心感が得られたら、それ以外の場面でも、「信頼できる人間関係の中でなら出しても大丈夫」という安心感を持てるようになるのではないでしょうか。
　３つ目に移ります。

ワーク164

問いかけて思いを揺らすワーク③
(ワーク162のヴァリエーション)

[事例32]
〈嬉しいという気持ちは出さない？　出せない？　出すべきじゃない？〉
「と言うか、これくらいは普通。喜ぶようなことじゃない」
〈これに合格するくらいは当たり前だと〉
「ええ」

Vさんは「まあ嬉しいですけど」と答えたものの、実はそんなに嬉しくは思っていないのでしょうか。カウンセラーは合格しても「当たり前」だと思う理由は何だろうと考え、いくつかの可能性を思い浮かべます。その1つとして、クライエントが同居している両親との関係が頭をよぎりました。そこで家族の反応について尋ねてみます。

〈ご家族は何か言っておられましたか〉
「褒めてくれるわけじゃない。特に父は、"当然だ"みたいなことを言う人」
〈お父さんはそういうふうにおっしゃるんですね〉
「(頷く)」

喜ばしいことがあっても、当たり前としか見てくれない父がおり、Vさん自身も素直に喜ばない、喜べない姿が見えてきます。カウンセラーとしてこの後何と言いますか。

ワーク164の解答例

　この後の道は2通りありそうです。1つは父親との関係を尋ね、見立てを深める道です。

　①〈お父さんは今回だけじゃなくて、これまでもそうだったんですか〉
　「(無言で頷く)」
　〈以前にどんなことがあったか聞かせていただけますか〉

　この後は父との関係の歴史を聞いていきます。もう1つは、クライエント自身について尋ねる道です。たとえ父がどうであろうと、自分ではどう思うのかを問うてみます。

　②〈ご自分ではどうですか。たとえお父さんがどうであろうと、自分に向けて"よく頑張ったね"と言ってあげてもよいように思いますが〉

　①と②はどちらが正しいということではありません。両方必要なこともあり得ます。②だけで事足りるのであれば、それでかまいません。父親との関係の歴史を語らないことには前に進めないようであれば話を聞きます。
　ところで、②では〈"よく頑張ったね"と言ってあげてください〉とは言っていません。そういう考え方に触れてもらうことがこの応答の意図です。とはいえ、もしVさんが②を聞いて、「それもそうですね」と返すのであれば、その場で自分自身に「よく頑張ったね」と言ってもらってもよいでしょう。逆に「そう思えたらよいのかもしれないけど……」と否定するのであれば、先に①の話を聞く必要があるということかもしれません。否定されると、カウンセラーとしては"言うんじゃなかった"みたいに思うかもしれませんが、その場では否定しても、次回以降に「先生がこの前言っておられたように、自分に頑張ったねと言ってあげてもよいような気がしてきました」と言われることもあります。種を蒔いておくと、すぐには芽が出なくても後で出てくることがあるものです。

　次は思いと行為を区別するワークです。

ワーク165

問いかけて思いを揺らすワーク④

　クライエントは、30代前半の男性。カウンセリングの終盤、「先生、こんなこと思ったらダメなんですけど」と言ってクライエントが話し始めます。「小学校の高学年のとき、担任教師からみんなの前で理不尽に叱られて、平手打ちを喰らったことがあって。今思い出しても腹が立ってくる。あの先生の家を探し出して、殴りに行ってやろうかと思うくらい」とひとしきり話した後、こう締めくくります。

「こんなこと思ったらダメですよね？」
〈私はダメとは言っていませんが〉
「……（驚いたような顔をしてじっとカウンセラーを見る）」
〈殴りたいと思うことはかまわない。本当に殴ったらダメですけど〉
「……思うのはいいんですか？」

この後何と言いますか。

対話例を示します。

ワーク165の解答例
〔対話8-1〕
〈いいも何も、そういう思いが浮かんでくるんですよね？　それは自分の正直な気持ちだから、自分でその気持ちを受け容れてあげたらいいのでは？〉
「うーん……でもやっぱりこんなことを思ったらダメだと思う」
〈どうしてダメだと思うんでしょう〉
「どうしてって、それは普通……」
〈フツウ？〉
「うーん……どうなんだろう。わからなくなってきました」
〈ええ、そうですね。また一緒に考えましょう〉

次の回、クライエントは自ら再びこの話題を口に出し、「本当にやったらダメだけど、心で思うくらいはいいのかなと思えるようになりました」と話しました。面接と面接の間に、自問自答して来られたのでしょう。

このカウンセラーが果たした役割は何でしょうか。3つ挙げます。
① 「思うのはいい」とカウンセラーから受け容れられたことで、思うくらいはいいんだと、自分で自分の正直な思いを受け容れられるようになった。カウンセラーは、受け容れる器として機能した。
② カウンセラーは〈どうして？〉〈フツウ？〉などと問いかけて、クライエントのルール、超自我、禁止令を揺さぶり、緩める役割を果たした。
③ こんないけないことを考えているとカウンセラーに話しても、カウンセラーは全くたじろがなかった。それを見て、思うくらいは本当にかまわないのかもしれない、と思えた。カウンセラーはモデルとして機能した。

怒りに関するワークをもう1つ。

ワーク166

問いかけて思いを揺らすワーク⑤

　クライエントは古い玩具を趣味で収集している30代後半の男性。「最近念願叶ってようやく手に入れた玩具を自室に置いていた。ところが、息子が私がいないときに勝手に部屋に入って壊してしまった。それで、後から考えれば大人げないんだけれども、子どもを怒鳴りつけて叩いてしまった。息子はわざと壊したわけではないと思うけど。それを見ていた妻から"父親としても人としてもおかしい"と言われ、夫婦関係がぎくしゃくし出した。そういえば、職場でも同僚を怒鳴りつけて、その後人間関係がおかしくなってしまったことがある。どうしたらいいか考えたい」といったことが語られました。

〈息子さんが壊したのを見つけたときどんなふうに感じられたんでしょう〉
「うーん、わかりません。何も感じていなかったかな」
　カウンセラーは、何も感じていなかったはずはないと思います。そこで、クライエントの感情を推測して例示してみます。
〈例えばですけど、そういうときにムカッと来たとか、悲しくなったとか言われる方もおられます。＊さんの場合はいかがでしたか。そんなことはありませんでしたか〉
「ムカッとは来たかな。あれだけ俺の部屋に勝手に入るなと言っていたのに」
〈大事なものを壊されて腹が立って叩いてしまった。大事なものを壊されて腹が立ったのはわかる気がします。でもどうして叩くまでの怒りが出たんでしょう。そこにある感情は怒りだけなんでしょうか。怒りの背後に別の感情があるような気がします。何でしょうね〉
「……わかりません」

〈大事なものを壊されて、どう思ったから怒りが出たのでしょう。何をわかってもらえなくて腹が立ったんでしょう。何をわかってほしかったんでしょう。叩くのではなく、口で言えるなら何て言いたかったのでしょう〉
「……」

問いかけてみましたが、返答はありませんでした。カウンセラーは怒りの背後には、やっと手に入れた大事なものを壊された悲しみがあったのではないかと推測しています。その推測をどのように伝えたらよいでしょうか。

ワーク166の解答例
〔対話8-2〕
〈例えば、「お前も自分の大事なものを壊されたら悲しいだろ。お父さんもやっと手に入れた大事なものを壊されて悲しかったんだ」でしょうか。もしかすると、怒りの手前にあった感情は、「悲しい」とか「残念」だったのでは？〉
対話は次のように続くかもしれません。
「……そうか、悲しかったのか……」
クライエントは、悲しいという気持ちを感じ、味わっているようでしたので、しばらく待ってからこう言います。
〈叩くことで、その悲しみは息子さんに伝わったと思いますか〉
「伝わってないね」
〈悲しみを伝えたら、息子さんは何と言うでしょうね」
「……お父さん、ごめん、って言ってくれると思う」

〈そう言ってもらえたら、叩かなくても済んだでしょうか〉
「うん、そうかもしれない」
〈息子さんに悲しみを伝えるのは難しかったですか〉
「……」

　その後、話は原家族へと進んでいきます。すぐに怒る父親、それを庇ってくれない母親のもと、人の顔色を見ながら育った。自分の気持ちは言えず、気持ちをわかってもらえずに大きくなった。不快には感じていても、怒りを抑える。抑えてはいるのだが、あるとき暴発する。怒ると職場でも家庭でも人間関係が悪くなる。なぜ怒ったのか、怒りの背後に別の気持ちがありそうだが、その気持ちは自分ではよくわからない。こうしたことが語られました。自分で自分の気持ちがわからなければ、相手にはなかなか伝わらないでしょう。こうした対話を通して、クライエントの心には「ゆるみ」が生じ、「ながれ」が生まれてきたようです。この後は、両親への気持ちを整理するとともに、自分の気持ちを自分でつかまえ、人に伝える方法を一緒に考えていくことになるでしょう。

　次は、Wさんの事例です。

ワーク167

問いかけて思いを揺らすワーク⑥（ワーク159の続き）

[事例33]
　Wさんはその後、カウンセリングの経過とともに少しずつ人に対して開かれつつあります。

「"今度の日曜日に4人で遊びに行こう"って誘われたんです」
〈ほう〉
「前は休みの日に人から誘ってもらえるなんてことはなかったから、それはよかったけど」

カウンセラーは状況を具体的にイメージするために〈他の3人はどんな人ですか〉と尋ねてみたところ、Wさんは自分以外の3人について説明をしてくれました。その上でどう返事したのかを尋ねてみました。

〈で、結局、日曜日はどうされるんですか〉
「結局、断って」
〈断った。またどうして〉
「うーん……」
〈じゃあ、断って今どう思っておられるんですか〉
「……私は自分勝手だと思う」
〈自分勝手……というと？〉
「誘ってくれたaさんとはうまくやりたい。でも、正直他の2人とは性格が合わないので、行っても疲れるだけだってわかってるし。でも、aさんには悪い気がして。aさんが誘ってくれたのはたぶん好意からだと思うんです。なので……」
〈自分勝手だと思う、と〉
「（頷く）」

　カウンセラーとしては、断ったと聞いたときは残念な気がしましたが、さらに話を聞いていくうちに、Wさんが誘いを断ったのは自分を大切にするためには必要なことだったという思いが湧いてきました。そのことを問いかける応答を考えてください。

ワーク167の解答例

〔対話8-3〕

〈……"自分勝手"と"自分を大切にする"のって、どう違うんでしょうね〉

「えっ？　うーん……」

〈……難しい？〉

「(頷く)」

〈確かに難しいですね。Wさんが誘いを断ったのは、自分勝手ではなくて、自分を大切にしようとしたんだと私は思うのですけど〉

「でも、aさんに対しては」

〈そうですね。だから、aさんにだけは自分がどういう思いで断ったのかを伝えてわかってもらえたらいいと思うんです〉

「どう言えばいいか……」

〈それを一緒に考えてみましょう〉

　誘ってくれたaさんに何と伝えるか。aさんと他の2人がどのような関係にあるかによって「戦術」は違ってきそうです。カウンセリングでは、クライエントがこれから取り組む人間関係について「作戦会議」をすることがあります。相手はどんな人か、もしこういう状況になったらどうするか、相手がこういう反応だったらどうするかを一緒に考えていきます。一般論ではなく、このクライエントにできることを考えるのがポイントです。カウンセラーはこういう言い方はどうだろう、とアイディアを出して話し合います。その際、私だったらどうするかな、どんな気持ちが湧いてくるかな、と考えてみると、アイディアが出やすくなるでしょう。クライエントと私は違う人間であるという前提の上で、1つの参照として考えてみるということです。

　作戦会議のワークをしましょう。

ワーク168

作戦会議のワーク①

　クライエントは高校1年生の女子。入学して1ヵ月ほどで相談室を訪ねて来て、「同じ中学から来た子がクラスにもう1人いて、仲良くしようと近づくが向こうは気のない返事ばかり。それで何度も声をかけるのだが、なんか避けられているように感じる」といったことを語りました。

〈中学生のときはけっこう親しかった人？〉
「いえ、話したことはありません」
〈自分としてはどう考えてその子に近づきたいと思っているのかな？〉
「やっぱり同じ中学から来たんだから、仲良くしなくちゃと思って」

　カウンセラーは2人の間で何が起きているのだろうと考えながら聞いています。友達を作りたい、同じ中学から来た子と友達になりたいというこのクライエントの気持ちはわかります。その一方で、「同じ中学から来たんだから、仲良くしなくちゃ」という言葉には引っかかりを覚えています。そのことを伝える言い方を考えてみてください。

対話例を示します。

第8章　思いを揺らす・作戦会議・提案

ワーク168の解答例

〔対話8-4〕

〈＊さんは、同じ中学から来たという近しさを大事にしたいと考えているんだね。でも、どうだろう。同じ中学出身だからといって仲良くしなければならないことはないんじゃないかな。もしかしたら、その子は＊さんの"仲良くしなくちゃ"を少し敬遠しているのかも〉

「そう言われてみると、確かに"しなければならない"ことはないですね」

〈仲良くできるならそれに越したことはないけどね。今はこっちが追いかけると向こうが逃げて、それをさらに追いかけようとしているような感じになっているのかも〉

「追いかけないほうがいいってこと？」

〈仲良くしなければならないではなくて、仲良くする機会があればそのときはそうしようくらいにこっちが余裕を持っていると、向こうも近づいて来やすくなるんじゃないかな〉

「そうか。そうしてみます」

このクライエントが、他に新たな友達ができず、同じ中学出身の子を頼ろうとしているという状況であれば話は別ですが、友達は他にもいることが確認できれば、一旦これで送り出して様子を見ればよいと思います。

対人関係の作戦会議をもう1つ。

ワーク169

作戦会議のワーク②

クライエントは、専門学校生の男性。すでに何度か面接を継続しています。

「2週間前に1年上の先輩と揉めたという話を前回しましたよね」

〈していましたね〉
「今度の土曜日にその先輩を含めた4人で遊びに行くことになって。あれ以来初めてその先輩に会うんです」
〈ああ、ちょっと緊張するね〉
「そう。それで、どんな感じで会ったらいいのかと思って。明るくふざけた感じのほうがいいのか、シリアスなほうがいいのか」

どう答えますか。

対話例を示します。

ワーク169の解答例
〔対話8-5〕
〈先輩はどれくらい根に持っているかな〉
「うーん、わからない。どうなのかな。まだ怒ってそうな気もするし、ケロッとしてそうな気もするし」
〈今回遊びに行くことになったのは、誰からの誘い？〉
「揉めた先輩とは別の人。僕と先輩が揉めたことは知っている」
〈揉めた先輩は、＊さん（クライエント）が来ることは知っている？〉
「たぶん」
〈知っていて、どうしても来るのが嫌なら、来ないかもね〉
「うん」
〈＊さん（クライエント）のほうは、先輩とは仲良くしたいの？〉
「うん、まあこの前は揉めたけど、仲良くしたいとは思ってる」

〈当日になって先輩の出方を見て、それに合わせてもいいかもしれないけど〉
「出方に合わせて？　例えば？」
〈向こうがふざけてならこちらもふざけた感じで、向こうがシリアスならこちらもシリアスに、とか〉
「うん。それくらい余裕を持って」
〈そうそう〉

　対人関係スキルに関しては、現実の人間関係ではなく、ドラマの中のやりとりを題材として活用することもできます。思春期女子との対話例を挙げます。

[対話8-6]
　クライエントが最近あるテレビドラマにはまっていると言うので、カウンセラーも観てみました。

「主人公が彼氏から嫌なことを言われて落ち込んでいたシーンがあったでしょ。私、あのシーン見てて、なんでそんなこと言われないといけないのよって怒ってた」
〈私は、言い返したらいいのに、って思った〉
「えー、あのシーンで言い返すのは難しくない？　何て言ったらいいのかわからないし」
〈"ちょっと、それはいくら何でも言い過ぎじゃない？"とかは？〉
「えー？　うーん……先生は言えるの？」

　次は、作戦実施後の「戦果」報告の話です。戦いに喩えなくてもよいですが、クライエントにとってはある種の戦いです。

ワーク170

問いかけて思いを揺らすワーク⑦

　クライエントは、軽度知的障害がある20代前半の男性。仕事上、わからないことをわからないと言えず、結局やるべきことができずに、先輩に迷惑をかけてしまうことが度々あります。他の人に比べて自分は仕事ができないという自覚は持っています。話を聞くと、その先輩はクライエントに対して理解のない人ではなさそうです。そこで、〈これはよくわからない、これは難しいとその先輩にあらかじめ言ってみたらどうなるだろう。その代わり、できることは一所懸命やって〉と提案してみました。そして、どんな言い方をすればよいか、どんなタイミングで言えばよいかを一緒に検討しました。次の回にクライエントから報告がありました。

「先輩が忙しくなさそうなときに、『これとこれは苦手で』って、すみませんって感じで言ってみた」
〈どうでした？〉
「『ああ、わかった、やっとくよ』って言ってもらえて」
〈ほう。言ってみてよかったですね。今回はどうしてうまくいったんだと思いますか〉
「えー？　たまたま、運がよかった」
〈運？〉
「相手の機嫌がよかった」

　カウンセラーとしては、うまくいったことを「運」の一言で片づけられたことにモヤモヤを覚えます。クライエント自身の主体的努力のおかげなのになあと感じていて、そのことを伝えたいと思います。何と言いますか。

第8章　思いを揺らす・作戦会議・提案

165

これも対話例を示します。

ワーク170の解答例
〔対話8-7〕
〈でも、自分なりに言い方を工夫してみたでしょ？〉
「(小さく頷く)」
〈それなら、運とか、相手の機嫌がよかったというのもあるかもしれないけど、自分が頑張ったからなんじゃないの？　両方じゃないのかなあ〉

　うまくいったのはたまたまではなく、ちゃんと理由があり、その理由がわかれば今後またうまくいく可能性が高まります。こう言っても、自分が工夫して頑張ったことがうまくいった理由だとすぐには認められないようであれば、折を見て繰り返し根気よく伝え続けていきます。
　「言ってみてよかったですね」のようなポジティブな感情を伝える言葉には、他に〈うまくいってよかったですね〉〈頑張りましたね〉〈その言い方がよかったんだと思います〉〈自分で考えついたというのはすごいじゃないですか〉〈思い切ってやってみてよかったですね。よく頑張られたと思います〉〈言えましたね。今のは、とても気持ちがこもっていた気がして、よく伝わってきました〉などがあります。評価を伝えるというより、よかったなあと思う気持ちを伝えるのです。どんな応答でもそうですが、こう言っておけばよいという小手先の技術ではなく、実際にそう感じていることが大切です。

　次は、対人関係ではなく、1人で過ごすときの振る舞い方についての相談です。カウンセラーは話を聞き、ある提案をします。

ワーク**171**

提案のワーク

　クライエントは40代の女性。最初は職場の人間関係のことで相談に来られたのですが、回を重ねるにつれ、両親や祖父母との関係で苦しかった子ども時代の話が語られるようになってきました。

「今週末、また嫌な日が来るんです」
〈嫌な日？〉
「今度の日曜日、祖父の命日なんです、父方の。一緒に住んでいたんですけど、ほんと大嫌いで。子どもの頃から酷いことを一杯言われて。亡くなった日だから、ある意味めでたいと言えばめでたいんだけど。でも、その日は命日だって思うと嫌な記憶が次々に思い出されてくるので、一日中憂うつな気分になる。仕事があれば少しは気が紛れるけど、今年は運悪く日曜日なので」
　祖父との話はこれまでそれほど詳しくは語られていなかったので、話を聞いてみたいところですが、残り時間がわずかになりました。
〈お祖父さんとの話を伺いたいところですが、時間がなくなってきました。また今度聞かせてください〉
　そう聞くとクライエントは「とりあえず今度の日曜日どうしたらよいでしょうか」と尋ねてきました。話しぶりからすると、今日はこれが一番聞きたかったことのようでした。クライエントからすれば、4日後の対処法を知りたいと思うのはわかる気がします。そこで何かヒントになることを提案してみたいと思います。どんなことを言いますか。

ワーク171の解答例
〔対話8-8〕
〈日曜日、家にいたらあれこれ考えてしまうということなら、自分で敢えて何かイベントを作って、命日にぶつけてみたらどうでしょうか〉
「ああ、確かに。何もしていないとあれこれ考えてしまうので。何をするか、ちょっと考えてみます。丸1日潰れるくらいのイベントがいいですね」

　これはあくまでも提案です。指示や命令、押し付けのような言い方にならないようにしましょう。〈例えば、こんな方法もあると思いますが、それはいかがでしょうか〉とか〈じゃあ、試しにこうしてみませんか〉といった形で言ってみます。やるやらないはクライエントが決めることです。提案の例をこの他に2つ挙げます。

〔対話8-9〕
　クライエントはうつ病の男性で、主治医から休むことが大切だと言われているのですが、せっかくの休日でもなかなか心から休めないようです。〈じゃあ、私からも心の処方箋を〉と言って白い紙を取り出し、こう書いて渡します。

"心の処方箋　NSH　週1日"

「何ですか、これ」
〈"何も、しない、日"を週1日作る〉
「はあ、そうか」

普通に「休んでくださいよ」ではなかなか通じないので、遊びを取り入れて印象づける感覚です。

[対話8-10]
　高校生男子がスクールカウンセラーに、「家で母親とケンカになって、気持ちが抑えられなくて、暴れて、茶碗を投げて割ってしまった」と打ち明けました。ケンカになった経緯や、気持ちを抑えられなかったときの実際のやりとりを一通り聞かせてもらいます。クライエントは割れた茶碗のことをなお気にしている様子です。そこでこう言ってみます。

〈しかしまあ、割られた茶碗も気の毒だねえ〉
「アハハ」

　そこまで、クライエントと母親と、争いを止めに入った父親の話ばかりだったので、ある意味今回の"主人公"である茶碗にご登場いただいて、茶碗に共感してみるわけです。

〈茶碗供養でもするか。割れた茶碗はまだお家にあるかな？〉
「今朝家を出てくるときにはまだあった」
〈仏壇はある？〉
「あります」
〈じゃあ、割れた茶碗を仏壇の台において、「茶碗供養」と書いた札を貼っておく。そして手を合わせる。お母さんとお父さんがいるときにね。何なら、家族3人で手を合わせてみてもいい〉
「面白そう。やってみます」
〈結果がどうだったか、よかったらまた聞かせてね〉

　このように提案した目的は、割ってしまった罪悪感を減らすことと、悪いと思っている気持ちを行動で表して家族間の心の流れをよくすることにあります。とはいえ、「茶碗供養」は実際にやらなくても問題ありません。この手の提案

は、膠着状態に一石を投じて、気分をがらりと変えることを意図して行うものです。「こり」をほぐすための「ひねり」とか「くすぐり」と言えばいいでしょうか。アイディアが奇抜であればあるほどよいというわけではありませんし、狙いすぎると鼻につく感じが出る点は要注意です。

第**9**章

カウンセラーの思いを伝える

第8章では、カウンセラーがクライエントに問いかけ、クライエントの思いを揺らす例をいくつか取り上げました。逆はどうでしょうか。カウンセラーは時にクライエントからさまざまな問いを投げかけられます。簡単に答えられるものもありますが、カウンセラーとしての態度や自らの価値観、人間性を問いかけられ、カウンセラー自身の心が揺さぶられることもあります。そういう場合、それに答えずに〈あなた自身はどう思いますか?〉とか〈どうしてそう聞くのですか?〉と尋ね返すだけでは、クライエントから「逃げている」と思われかねません。逃げずに自らの人格を関与させ、あるいは人格を賭けて真正面からカウンセラーとしての思いを伝えるべきときがあるものです。それが「純粋性」とか「対決」とか言われるものです。カウンセラーの本気度が試されます。ワークを通して考えましょう。

ワーク172

問われて思いを伝えるワーク①

　子どもに対して暴言と暴力のある親のカウンセリングをする中で、あるときクライエントから「先生は私のことを悪い親だと思いますか」と尋ねられました。対話は次のように進んでいきました。

〈どうしてそう思われたのですか〉
「前に人からそんなふうに言われたことがあって」
〈ほう、誰に?〉
「通りがかりの年配の人に、突然言われて」
〈えっ、何て?〉
「酷い親だって」
〈そう聞いてどう思われましたか〉
「腹が立ちました」
〈腹が立った……というのは?〉

「ほっといてくれって」
〈なるほど〉
クライエントの先ほどの質問の背景が少し見えてきたと思っていたら、クライエントが再び尋ねてきました。
「まださっきの私の質問に答えてもらっていませんが」
〈……ご自身ではどう思っているのですか〉
「先に先生のお考えが聞きたいです」

答えないわけにはいかなさそうです。ここで真正面から答えなければ関係は作れないでしょう。どのように答えますか。

　最初の質問にいきなり答えるよりもまず〈どうしてそう思われたのですか〉と意図を尋ね返して、クライエントの質問の意図を確認したのはよいと思います。〈ご自身ではどう思っているのですか〉と問い返す応答もある意味常套句ですが、再度の「念押し」に対してこう言っても逃げのように受け取られかねません。この問い返し自体は必要な問いだとしても、自分の考え、判断を伝えることを怖がって、質問を投げ返すのとは違います。最後の発言に対して〈どうしてですか〉と問い返すのも同様です。ここは腹を括って自らの思いを伝えるほかないでしょう。ここまでの話を聞いて感じたこと、考えたことを短くまとめて伝えます。

ワーク172の解答例

〈私は＊さん（クライエント）がお子さんにやっていること、酷いことを言ったり暴力を振るったりというのはやはりよくないことだと思っています。それ

は今後しないようにしていただきたいと思います。でも、＊さんのことを悪い親だとか、悪い人だとか思っているわけではありません。＊さんがお子さんに暴言や暴力をしてしまうのは、＊さん自身も何か生きづらい、うまくいかなくて辛いという思いを持っておられるんではないかと考えているんです。だから＊さんが心に抱えている辛さをお伺いして、どうしたらお子さんにもう暴力を振るわなくてもやっていけるかを一緒に考えて、支えていきたい。それが私が＊さんにお会いする理由です〉

そして、最後に付け加えます。〈こう聞いてどう思われますか？〉

『遊Q&A』155に「親面接で最も大切な態度は何か。私の答えは、『親を責めないこと』です」と書きました。親面接に来ている親を「悪い親だ」と思っていては、カウンセリングは成立しません。他方、暴力行為はもちろんやめてもらわねばなりません。ですから「行為」と「人」を分けて考えるのです。行為は認められないが、人は尊重すると。暴力を振るったと打ち明けるためにわざわざ話しに来てくださったのですから、〈よく言ってくださいました〉〈よく来てくださいました〉と心から思います。ここに挙げた解答例はあくまでも一例ですから、自分の言い方、そのクライエントに応じた言い方を工夫してみてください。

子育て関連の事例をもう1つ。〔事例13〕をもう一度取り上げます。

ワーク173

問われて思いを伝えるワーク②（ワーク129の続き）

〔事例13〕

クライエントは、小学5年生の息子が1人で万引きをしたということで相談に来た37歳の女性。息子が生まれてわりとすぐに離婚、息子は自分の父親（本人からすれば元夫）を知らない。本人は離婚後、遠くの県から実家に子連れで戻り、介護職になるために資格を取って、現在はフルタイムで

働いている。仕事にはやりがいを感じており、半年前からグループのリーダーを務めている。実家には両親が同居。
　息子の万引きに対する心情をこう話します。

「私がこんなに頑張っているのに」
〈そうですね。お母さんはよく頑張っておられると思います。だからお母さんからすれば、頑張って働いて子育てしているのに、って思われるのも無理はないと思います〉
「（小さく頷いて）寂しい思いをさせているのかな。でもおじいちゃん、おばあちゃんもいるし」
〈寂しい思いをさせているかと思ったり、おじいちゃん、おばあちゃんがいるからそうでもないと思ったり〉
「そう。……（沈黙）……やっぱり私の育て方が間違っていたのでしょうか」
〈間違っていた？　どこからそう思われるのですか？〉
「うーん、そもそも離婚したことで、あの子には辛い思いをさせたかと思うし。いえ、私としては離婚しないという選択肢はもうなかったので、仕方ないと言えば仕方ないんですけど。おじいちゃん、おばあちゃんとの同居は、あの子に寂しい思いをさせないようにと私なりに考えてしたことだし、おじいちゃん、おばあちゃんもそのほうがいいと言ってくれたんだけど、あの子からしたら（おじいちゃん、おばあちゃんのことを）いたらいたで鬱陶しく思うときもあるようだし。でも、私は働きに出て、あの子１人家に置いておくわけにもいかないから。仕事から帰ってきておばあちゃんからあの子の様子を聞いて、おじいちゃん、おばあちゃんにこれ以上負担をかけるわけにもいかないから、『ちゃんとしなさい』って息子に言うと、すごい目で睨むことがあって。私がもう少しいい母親だったら、あの子が非行に走ることもなかったのかなと思って（カウンセラーの考えが知りたいという目で、カウンセラーの目を見る）」

　クライエントは自分を責めているようです。何と答えますか。カウンセ

第9章　カウンセラーの思いを伝える

175

ラーとしての思いを伝えてください。

　〈子どもが万引きするなんて、お母さんの育て方が悪いからですよ〉などと、クライエントを責めるように言うカウンセラーはさすがにいないでしょう。これではカウンセリングになりません。しかし、クライエントのほうからこんなふうに自分自身を責めるような言い方をしてくることはあり得ます。〈そんなことはないですよ〉〈間違っていません〉とすぐに否定する言い方はどうでしょう。クライエントは自分の育て方が間違っていたのではないかという思いを語ろうとしています。それは誰にも打ち明けられずに来た思いかもしれません。ですから、すぐに否定せずに、もう少しその話を語ってもらいましょう。カウンセラーがクライエントに寄り添う姿勢を示していることはすでに伝わっているはずです。

　カウンセラーが〈間違っていた？　どこからそう思われるのですか〉と尋ねると、クライエントはさまざまな思いを語りました。「あのときに間違えたのではないか、いや間違ってはいなかっただろう、いやあのときはいずれにしても私はああするほかなかったのだ、でも……」と逡巡しているようです。そして最後に「私がもう少しいい母親だったら、あの子が非行に走ることもなかったのかなと思って」と言いました。「先生はどう思いますか」とか「先生の意見が聞きたいです」と明言しているわけではありませんが、目が訴えかけてきています。カウンセラーが思いを伝える番です。

　<u>ワーク173の解答例</u>
　〈お話を伺ってきて、息子さんのことを心配してこうして相談に来られているというだけでも、いいお母さんだということがわかります。子育てについてこ

れまでできることを精一杯なさってきたのでしょうから、それをどうこう言えるものではありません。ただ、お母さんにさまざまな思いがあるように、息子さんにもさまざまな思いがあるかなとは思います。ですから、息子さんがどんな思いでいるかを一緒に考えてみたいのです。それがきっと親子の関係をよくすることにつながるし、息子さんがもう万引きをしなくてもやっていけることにつながると思うからです。もちろん、お母さんご自身のお気持ちも語ってくださいね〉

その上で、こんなふうに問いかけてみるかもしれません。

〈息子さんとの時間がたくさん取れなくて、お母さんご自身は寂しい思いをしておられませんか〉

最後の問いかけは、第8章で行った、クライエントの思いを揺らすことに当たります。次は死に関連するワークです。

ワーク174

問われて思いを伝えるワーク③

クライエントは20代前半の会社員の女性。成育歴を聞いていくと、「私には実は姉がいて、私が物心つく前に亡くなって。子どもの頃、両親、特に母親が姉の遺影の前で涙を流していたのを覚えています」という話が語られました。そして、「『亡くなった姉の分も頑張って生きてほしい』と言われたことがあって……。先生はどう思いますか」と尋ねてきました。

〈自分ではどう思うのですか〉
「……」
〈人からそう言われて、自分でもそう思うんだったらそれでいいと思う。しかし、私にそう尋ねるということは違和感があるのでしょうか〉
「(頷く)」

少し待ちますが、沈黙のままです。ここでカウンセラーとしての思いを伝えようと思います。何と言いますか。

　「亡くなった姉の分も頑張って生きてほしい」というような言い方は、しばしば耳にします。こう言われて、それがその人が生きていく上で支えになっているのならそれでよいことです。しかし、このクライエントの場合はそうはなっていないようです。

ワーク174の解答例
〔対話9-1〕
〈違和感があるなら、無理することはない。姉の分まで生きなくてもいい。ご飯でも人の分まで2人前食べないといけないとしたらお腹一杯で苦しくなるでしょう。自分の1人前の人生を生きたらいいんじゃないでしょうか〉
「（それには納得という感じで頷いた後）……でも」
〈でも……何か引っかかりますか〉
「姉に悪い気がして。ちゃんと弔ってあげないといけないんじゃないかと」
〈姉の分まで生きないと、ちゃんと弔っていないようで姉に悪い気がするってこと？〉
「そう」
〈人から「姉の分まで」って言われると気になりますね。でも、命日に手を合わせるなどして姉を弔うことと、姉の分まで生きることは区別して考えたらいいのでは、という気がしましたが〉
「そうですね」

話は一段落しました。しかし、「亡くなった姉の分も頑張って生きてほしい」といつ誰に言われたのか、という疑問は残ります。また、姉はどういう理由で亡くなったのでしょうか。亡くなった姉に対する両親の思いは現在はどうなっているのでしょうか。この後、こうしたことを尋ねて、クライエントの気持ちをさらにほぐしていきたいと思います。先にこうしたことを尋ねたほうが、より妥当なことが言えるとは思いますが、その前にカウンセラーとしての思いを言わねばならない迫力を感じることがあるものです。カウンセラーが自らの思いを伝え、それがクライエントにとって納得のいく、安心できる答えであったときに、初めて詳細が語られるのです。

　難しい問題が続きます。次は、被害者遺族が加害者に対して抱く心情に関するワークです。

ワーク175

問われて思いを伝えるワーク④（ワーク133の続き）

〔事例29〕（およそ1年後）
Sさんが高校生の息子を事故で亡くして1年が経ちました。

「『（加害者を）そろそろ許してあげたら』なんて言う人もいますけど、私は人からどう言われたって、やっぱり許せない。私が落ち込んでいるのを心配して、気遣って言ってくれているのかもしれないけど、本音を言うと、わかってもいないくせに勝手なことを言うな、と思って腹が立ちます」
〈どうしても許せない〉
「ええ……先生はどう思いますか？　許さないといけないと思いますか？」

この後、言葉を何と続けますか？

答えるのがなかなか難しい局面です。カウンセラー自身が同じことを経験していないとすれば、カウンセラーもまた「わかっていない人」の1人だとみなされるかもしれません。答え方の一例を挙げてみましょう。自分自身の考えを鍛え、その場に合った言い方を工夫してみてください。

ワーク175の解答例

〈……許せないと思っているのに許す必要はないと思います。許せないものは仕方ない。許さないといけないとは思いません。許せるようになることが目標かどうかもわかりません。ただ、……許せないという自分の思いに縛られたり振り回されたりして、自分の生活ができなくなってしまうのは辛いかなとは思います。今は仕事をお休みされているし、家庭生活のほうも前はできていたことができなくなっているということでしたね。ですから、私は許せないという気持ちを持ちながらも、自分の生活を取り戻せるようにお手伝いできたらなと考えているんです〉

周囲の人から「そろそろ許してあげたら」と言われて「勝手なことを言うな」と腹が立った気持ちのほうはまだ十分には聞けていません。「そろそろ許してあげたら」と言ったのは誰でしょう。Sさんとはどんな関係にある人でしょう。また、亡くなった息子と加害者が知り合いだった場合とそうでない場合とでは、許すことの意味合いは違ってくるでしょう。

Sさんの事例はさらに続きます。さらに1年後、Sさんは何を語るでしょうか。

ワーク176

問われて思いを伝えるワーク⑤（ワーク175の続き）

［事例29］（さらに1年後）
息子が亡くなってから2回目の命日を終え、さらに少し経った頃、Sさんがこう打ち明けます。

「最近、あの子のことを考えない日があるんです。こんなことでいいのかって」
〈いいのかっていうのは？〉
「忘れてしまったらいけないんじゃないかという気がして」
〈ああ、思い続けていないと亡くなった息子さんに悪いような気がするんですね〉
「（無言で頷く）」
〈それもわかる気がします……〉

カウンセラーはしばし沈黙し、何と言ったものか考えます。忘れてしまう自分を責める気持ちになることはわかる一方で、忘れる日があってもよいのではないか、それが心の健康が回復してきたということなのではないかという気がしています。この後、そうした自分の考えを伝えようと思いますが、何と伝えたらよいでしょうか。

「こんなことでいいのかって」というのが、この場合の問いかけです。

ワーク176の解答例

〈ただ、どうなんでしょう。いつも息子さんのことを考えていなくても、折に触れて思い出すことはあると思うんです。それができていれば、息子さんを大切にしているということにはならないでしょうか。私はそれでいいような気がするのですが〉

クライエントはどんな反応をするでしょうか。それを待って、その後の応答を考えたいと思います。

クライエントから特に問われていなくても、話を聞いていくうちにカウンセラーとしての思いを伝えようと思うときが訪れます。次のワークは、カウンセリングの最終回に、話をずっと聞いてきて感じているカウンセラーとしての思いを伝えるという事例です。

ワーク177 思いを伝えるワーク①

クライエントは大学4年生の男性。「高校1年生のときに、同じクラブのある女子に対して傷つけることをわざと言ってしまい、噂がクラスにも広まって周囲から酷い奴呼ばわりされた。自分でも悪いことをしたという気持ちはあったけど、素直に謝れなかった。その後高校では誰とも話さず、大学でも必要なこと以外は人と関わらないで、一匹狼を貫いてきた」というのが主訴でした。カウンセラーには、クライエントが自分のした行為の結果や、その後自分で自分に課したルールに縛られて、何年もの間身動きが取れなくなっているように感じられました。カウンセリングはその後継続となりましたが、酷いことを言って傷つけたエピソードについてはそれ

以上詳しく話したがらない様子だったので、そこには敢えて触れず、1人でどんな生活をしているのか、将来何になりたいのかなどについて話をしていきました。絵は見るのも描くのも好きだと言うので、一度画用紙と鉛筆を渡して〈自由に描いてみて〉と言ってみました。すると、鉛筆を手に取り、強い筆圧で鋭い線を何本も重ねていくと、1人の男性の姿が浮かび上がりました。とげとげしいタッチは、心の中のとげとげを映し出しているかのようでした。普段話し相手がいないこともあるのでしょうが、カウンセリングでは自分のことをたくさん話しました。カウンセラーとの間には信頼関係ができていたように感じます。自分が傷ついたエピソードについては結局初回以降語られることはありませんでした。就職については、美術関係の小さな会社に正社員として採用が決まったことを淡々と語りました。

卒業が近づいてきて、カウンセリングは最終回を迎えます。クライエントに最後、どんな言葉を贈ろうかとカウンセラーは言葉を探しています。何を言えばいいでしょうか。

ワーク177の解答例

最終回も残すところ20分となり、〈今まで私が考えてきたことを言うね〉と話を切り出し、高1のときのエピソードに触れます。

〈自分の中に「自分を責める自分」と、「自分に責められる自分」がいる。高1のときに経験したことからすると、どうしても自分を責めてしまう気持ちはわかる気がする。でも、それだけだと「責められ続けている自分」がかわいそ

うな気がするんだけど〉

「うーん……」

カウンセラーからの言葉を受け止めようとしている様子に見えたので、言葉を続けます。

〈……そろそろ自分を許してあげたらどうだろう。もう十分に自分を責めたんじゃないかな。こうやって話をしてきて、私には君がそんな悪い人だとは思えないからね〉

「……（じっとカウンセラーの目を見て頷く）」

就職した後の生活について尋ね、職場で自分を開くことについて少し話をした後で終わりの時間を迎えました。クライエントから「自分で自分を許してあげようと思います」のような明言はありませんでしたが、最後に「ここに来て、自分について深く考えられてよかったです」と言って帰っていきました。カウンセリングが終わった後も、自分について考えを深めていかれることでしょう。

この章の最後は、カウンセラーとしての思いを子どもに伝えるワークです。

ワーク178

思いを伝えるワーク②

小学校6年生の男児が親の財布からお金を盗ってゲームを買ったということで母親に叱られ、身体的暴力を受けました。腕に痣があることから暴力が発覚し、この子はカウンセリングにつながりました。話を聞くと、母親からの暴力は今回だけではないようです。

この子には盗みをやめてもらわないといけません。しかし、母親にも暴力をやめてもらわないといけません。とはいえ、この子は母親のことを悪く言われることに抵抗を示し、庇う態度を見せます。カウンセラーは自分が母親のことをどう見ているかをこの子に伝える必要がありそうだと感じています。また、この子も母親もしつけと虐待の境界がはっきりしていな

いようですから、それについても考えを伝えておきたいと思います。そして何より、盗みは働いたものの、この子はこの子で苦しんでいるのだから支えていきたいと感じます。

　どう伝えますか。自分なりの言い方を、目の前にこの子がいると思って口に出して言ってみてください。

　一気に伝える例を挙げます。

ワーク178の解答例
　〈ここまで話を聞いてきて私が思ったことだけど。親の財布からお金を盗ってゲームを買ったというのはいいことではないから、親に叱られるのは仕方がない。でも、叱るならどんな叱り方をしてもいいということはない。しつけというのは子どもが健全に成長するようにするものなのだから、しつけのために痣ができるというのはやっぱりおかしい。だからお母さんがそんなふうに叩いたり蹴ったりしたのはよくないことだと思う。ただそうは言っても、お母さんとお父さんの仲があまりよくないとか、お母さんと父方のおばあちゃんの仲がよくないと君は言っていたから、お母さんはお母さんで辛いことがあって、それが、子どもがルール違反をしたときに爆発してしまうのかなって思った。君は今日お母さんのことを悪い人だと思われないように随分と頑張っていた気がするんだけど、私はお母さんを悪者にするつもりはないから、その点は心配しなくていい。お母さんが叩いたことは悪いと思うけど、お母さんのことを悪い人だとは思っていない。お母さんも辛いことがあるんだからお母さんも誰かに助

けてもらう必要があるんだと思う。

　それと、君が親の財布からお金を盗ってゲームを買ったというのも、ゲームがほしいというのもあっただろうけど、それだけじゃなくて、何か辛いことがあるんじゃないかと思った。だから君にも助けが必要だ。私は君にまたここに来て、話の続きを聞かせてほしいと思っている。どうしていったらいいか、一緒に考えていけると思うんだけど、どうだろう〉

　こう言って、カウンセリングの継続へと誘います。

カウンセラーとしての思いを伝える際に留意すること

　カウンセラーとしての思いを伝える際の留意点について、まとめておきます。思いを伝えるとは、この事例とは無関係に普段から思っている持論を展開するのとは違います。その事例のやりとりを通して浮かび上がってきた一回性の言葉でなければ、クライエントの心には届かないでしょう。思いを伝えることは、第8章の「問いかけて（クライエントの）思いを揺らす」ことと同様に、クライエントの思いを揺らし、変化を促す働きがあります。第8章と違うのは、問うだけでなくカウンセラーとしての自身の思いを込めている点です。応答に、〈今までお話を伺ってきて私が思ったことなんですが〉とか〈私はそれでいいような気がするのですが〉と〈私が〉が強調されているのはそうしたわけです。いくらか私の主観的な思いが混ざっているという意図を伝えていることになります。

　さて、ここで躊躇を覚える人がいると思います。"そうやって語ることはカウンセラーの勝手な思いにすぎないのではないか"とか"カウンセラー側の心の「歪み」の現われにすぎないのではないか"といった主観に付いて回る疑問です。主観の扱いに関する私の基本的な立場については、『Q&A』127に「確かに主観的なものの見方には限界がありますが、主観的なものを主観的なものであるというだけで排除したのでは、心と心の交流における重要な要素が捨て去られてしまいます」と書きました。この考えは変わっていません。カウンセリングや心理療法には、カウンセラーとクライエントの人間的な、心と心の交流という要素があります。クライエントは自分が感じたことや考えたことをカウンセラーの心に投げ入れます。カウンセラーは自分の心で感じたことや考えたこと

を自覚し、クライエントの心に伝えます。変化は2つの心の「化学反応」で生じるのです。この章の最初に「自らの人格を関与」させると書いたのもそこにつながります。主観の持つ危うさはどこまでいっても拭えないでしょうが、それでも「主観を鍛える」(『Q&A』142)ことで妥当な言い方に近づいていけると思います。この辺りは、カウンセラーの間でも考え方に違いが見られるところですし、クライエントが求めるものも人によって異なるでしょう。

　思いを伝えようと思うとき、カウンセラーに心の昂ぶりが生じることがあります。これには両面あります。「このクライエントに役立つと思うのでこれだけはどうしても伝えておきたい」という思いがあるからこそ、クライエントの心を動かすとも言えます。しかし、カウンセラー側の勝手な心の昂ぶりで、空振りに終わるだけならまだしも、クライエントの心に負荷をかけることにならないようにとも思います。"自分は純粋にそう思うのだから何を言ってもいい"とか、"自己一致しているからどんな言い方をしてもいい"ということはありません。言葉を選び、今が口に出すタイミングかを考え、クライエントがどう受け止めるかを配慮して言うという冷静さは必要です。カウンセラーは、その一言を発することで、そのカウンセリングがどのような意味でより意義深いものになると考えているのかを自らに問う姿勢が要ります。「このことを言おうかな」と思ったときには、その事例全体の見立てと方針に照らして「やはり言うことがこの場合はカウンセリングとして意味を持つだろう」と判断して言うのです。まだ自分の中でもうまく言葉になっていないな、これを言ってもいいかどうか迷うなと思うのであれば、機が熟していないと考えて言わないほうが無難でしょう。そう思ってタイミングを見計らっていると、今なら言える、と思えるときが訪れます。「こういう言い方なら言えるだろう、このクライエントならこの言葉を受け止められるだろう、言うなら今だ。さあ言おう」という感覚です。

　伝えるのであれば明瞭に言いましょう。配慮することとモゴモゴ言うことは同じではありません。中には、モゴモゴ言われると「変に気を遣われている」と不快に思う人もいるでしょう。思いを伝えた後、クライエントから「先生は言葉を選びながらとても丁寧に話してくれたので、考えてくれているんだなと思いました」と言ってもらったことがあります。丁寧に、はっきりと、なるべく建設的な言い方をするというのがポイントです。

そして、伝えた後は、〈こう聞いてどう思われますか〉と反応を尋ねます。伝えた内容をもとに話し合うことが何より重要です。クライエントの反応はその場ですぐに表れることもありますが、けっこう後になってから出てくることがありますのでよく見てみましょう。
　カウンセラーとしての思いを伝えることについては、『Q&A』146〜154も参照してください。

第**10**章

カウンセリングへの
疑問や不信に答える

カウンセリングを受けている間、クライエントの心には戸惑いやためらい、不信感が湧いてくることがあります。それをおずおずと口に出す人もいますし、強い口調でぶつけてくる人もいます。あるいは口では言えず、首を傾げたり、少し固まった表情を見せたりといった仕草で表す人もいますし、無断キャンセルや中断といった行動で表す人もいます。クライエントの疑問をカウンセリングの中で取り上げ、修正しながら進むことは、カウンセリングの継続にとって重要な意味を持ちます。

　カウンセリングへの疑問は初回に持ち込まれることもあります。そのワークから始めましょう。

ワーク179
カウンセリングには期待していないというクライエントとつながるワーク

〔事例34〕
　クライエントは「人付き合いが苦手」という主訴で訪れた20代半ばの男性Xさん。職場適応がうまくいかず、大学卒業後2回転職しています。知的にはそこそこ高いのですが、物事を幅広く見ることができず、"そこだけ取れば正しい"ことを相手の気持ちを考えずに攻撃的に言ってしまうためにうまくいかないようでした。そのことについてうっすらと自覚はあるようですが、自分一人では何ともしようがない様子です。今回も、派遣社員として勤める職場で先輩に意見を言う際、食ってかかるような言い方をして、逆にきついことを言われ、職場での居心地が悪くなったというのが来談の直接の引き金でした。前回の退職前後、うつっぽくなったときに心療内科を受診して以降、時折通院しているとのことでした。

　面接室では椅子に斜交いに構えて座り、あまり視線は合わさず、こちらを見るときは斜め下から上目遣いで覗き込むように見てきます。カウンセリングの初回、クライエントは「カウンセリングに期待を持っているわけじゃないんだけど」と言いました。カウンセラーとして何と言葉を返しま

すか。

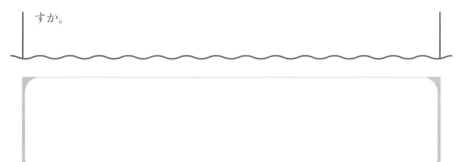

応答例を4つの側面から対話の形で示します。

ワーク179の解答例
〔対話10-1〕
①来た理由の明確化
　期待していないのに来た理由、あるいは来たのにわざわざ期待していないと言う理由は何でしょう。それを尋ねてみましょう。
〈期待を持っているわけじゃないのに今日来てくださったのは？〉
「主治医に言われたので、まあ仕方なく」
〈顔を立てて、ですか〉
「うん、まあそんなとこ」

②期待できない理由の明確化
　次は、期待できないと思う理由です。これまでカウンセリングを受けたことがあって、期待外れだった経験があるのでしょうか。カウンセリングを受けるのは初めてだけれども、周囲の人が「カウンセリングなんて意味がない」と言っていたのでしょうか。本を読んで形成されたイメージでしょうか。カウンセリングを受けることで自分と向き合うことへの怖れがそうした発言となって表れているのでしょうか。あるいは、これまで人と接して裏切られた経験があり、それによる警戒心がカウンセラーに対して向けられているのでしょうか。対話は続きます。
〈期待を持っているわけじゃないとおっしゃるのはどうしてでしょう。何か期

待できないと思われる理由があるのでしょうか〉
「……」
〈これまでカウンセリングを受けられたことは？〉
「いや、ないです」
〈では、前に受けたカウンセリングが期待外れだったというようなことではないのですね〉
「うん」
〈だとすると……〉
「今まで、人に頼ってもろくなことがなかったもので」
〈なるほど〉

　「今まで、人に頼ってもろくなことがなかった」ことについては、今後話を聞いていくことになるでしょう。

③期待の明確化
　3つ目は、「期待を持っているわけじゃない」というときの「期待」が意味するところです。
〈期待と言われましたが、そもそも何がどうなることを期待しておられるのでしょうか〉
「うーん、人ともう少し関われたら。いや、そうでもないか。そんなことはどうでもいい」

④内なるモチベーションに訴えかける
　人と関わりたい気持ちがなくはないが、できないんじゃないかという諦めに近い不安があるため、そうした願望を自ら打ち消して足踏みしようとしている様子が窺えます。とはいえ、「期待を持っているわけじゃない」と言いながら、それでも一度は来たわけです。たとえ主治医に勧められても、来ない人は来ません。そこにはやはり、「できるものなら」という期待があるように感じられます。言わば、期待が否定形で現れているのです。『Q&A』88に「内なるモチベーション」のことを書きました。それはXさんにもあると考えられます。そこ

に訴えかけてカウンセリングに誘ってみましょう。

〈でもまあ、こうして一度来られたわけでしょう。「期待」はないけど、「来たい」とでも言うか〉

「フッ、まあね」

〈だったら、しばらく続けて来てみませんか。やっぱり期待外れだったと思われたらその時点でやめればいいし、何か役に立ちそうだと思われたら続けたらいいのですから〉

Ｘさんのインテークのやりとりを続けます。

ワーク180
一般的にどうしたらよいかという質問に答えるワーク（ワーク179の続き）

〔事例34〕

一通り経緯を伺った上で、Ｘさんに人付き合いに関しては自分なりにどう対処して来られたのかを尋ねてみました。

〈これまで人付き合いの問題が起きたとき、自分なりに工夫してこられたことはありますか〉

「いろいろやってみたけど、どれもうまくなかった」

〈例えば？〉

「自己啓発本みたいなのは何冊か読んでみたけど、書いてある通りにやってもうまくいったためしがない。ピンとこないことも書いてあるし……僕みたいな人は一般的にどうしたらいいんですか」

最後の説明に対して、どう応答しますか。

「カウンセリングに期待を持っているわけじゃない」という言葉の背景には、自己啓発本がどれも期待外れだったことが関わっているかもしれません。対話例を挙げます。

ワーク180の解答例
〔対話10-2〕
〈一般的に、ですか。わかりません。人はみな違いますからね。本には一般的なことしか書かれていないので。一般的にではなくて、Ｘさんの場合はどうしたらよいかを一緒に考えましょう〉

「うーん、どうすれば……本には、"距離を取ってできるだけ関わらないようにすればよい"と書いてあったけど」

〈距離を取って付き合わないようにするのも１つです。自分にとって危険な人物であれば、関係を断つのがよいときもあります。でも、うまくいかないときにいつも付き合うのをやめていたら、人と付き合うことはできない。独りぼっちが続くことになるのは辛いかも〉

「でも、嫌なことが起きてもそれでもまだ付き合うというのが、どうすればいいのかわからない」

人付き合いのための「思考回路」をもう少し複雑にする必要がありそうです。

〈１つは、人との間で嫌なことがあったときに、後でどうやって自分の気持ちを立て直すか。もう１つは、自分の思っていることをどう伝えるか。先輩にはその場では何か言えましたか〉

「（無言で首を横に振る）」

〈相手から言われたことに対して、その場でやんわりと返して、関係が修復できたらいいんですけどね。その場で難しければ、後日伝えることもできるかもしれません〉

「……」

〈難しい?〉

「どんな反応されるかわからない」

〈そうですね。相手があることだから自分はこうすると決めていてもこちらの思い通りにいくとは限りません。今はこういう状況で、私はこうしたい、こうしたくないというのがあって、相手はこんな感じの人で、だとすればこの場合はこう言うのがよいかも、というのを考えていくのですが〉

「面倒くさいというか」

〈確かに、面倒と言えば面倒ですが、皆がやっていることでもあります。1人でやれと言われても難しいでしょうから、どうしたらいいかここで2人で知恵を絞ってみませんか。言わば作戦会議です。すぐにできるようにはならなくても、やっていくうちに少しずつ身についてくると思います〉

「……そもそも、人と付き合わないといけないのか、というのもあって」

〈そうですね。どう生きていくかは人によって違っていていいのです。ただ、人付き合いが必要なのであれば、付き合うか、関係を断つかの二択じゃなくて、その人とはどんな距離で付き合えばいいか、適切な距離を見つけるということかな。人付き合いと言っても、親友もいれば、相談相手、遊び友達、仕事上ではしっかり関わるけどそれ以外では関わらない人、仕事上でも表面だけの付き合いで一言挨拶を交わすだけの人というのもいて、付き合い方には濃淡がありますからね〉

「できるかな」

〈今はかなりたくさんのことを話しましたから、難しく感じられたかもしれませんが、少しずつ少しずつ〉

ここまで、できるだけXさんの思いに沿って言葉を重ねてきました。場合によっては、「ある程度一般的なこと」を伝えるほうがよいこともありますが、その場合も、今自分が説明していることはあくまでも一般論であることを自覚しておきましょう。伝えた後は、〈あなたの場合はどうでしょうね〉〈一般論で言うとこうなりますが、そう聞かれてどう思われましたか〉〈できそうですか〉とクライエント個人のことに戻します。『Q&A』126も参照してください。

Xさんのカウンセリングは１年が経過しました。どのような変化が見られるでしょうか。Xさんはその変化を感じているでしょうか。

ワーク181
変化の手応えに関する質問に答えるワーク
（ワーク180の続き）

〔事例34〕
　Xさんはカウンセリングに通い始めて１年が経ったある日、こう尋ねてきました。

「ここに来るようになってそろそろ１年になるけど、変わってきているのかなって」
〈何をしているかという手応えがあまり感じられませんか〉
「うーん、変わってないとは思わないけど、自分ではよくわからなくて」

　Xさんは自分の変化を明確には感じられていないようです。しかし、カウンセラーはXさんの変化を感じています。具体的には、図10-1の通りです。カウンセラーが感じている手応えを伝え、Xさんがカウンセリングでしていることを肯定的に意味づけられるような言い方を考えてください。

・人付き合いなどどうでもいいと投げやりな言い方をすることがあった。 ・人と揉めた後、何もせず放っていた。 ・前後の見境なく、感情的な言い方をしていた。 ・面接室では自ら多くを語らず、訊かれたことに短くぶっきら棒に答えることが多かった。	・人とコミュニケーションすることを諦めず、自分なりに努力を続けている。 ・先輩に手が震えながらも一言謝罪したら「これからはもう少し全体を見渡して物を言うように」と言われたものの許してもらえた。 ・今もうまくいかないことはあるが、言う前に立ち止まって、言い方を考えるようになった。 ・カウンセラーが知らないことを説明してくれるようになった。

図10-1　Xさんの1年間での変化

図10-1をもとに、変化を伝える言葉の例を挙げてみます。

ワーク181の解答例

〈私は、Xさんはとてもよく頑張っておられると思っています。前は"人付き合いなんてどうでもいい"みたいな投げやりな言い方をされたこともありましたが、今は職場で自分なりになんとかコミュニケーションを取ろうと努力を続けておられるし、先輩に謝って許してもらったという体験もできましたね。ここでも私が知らないことをしっかりと説明しようとしてくださるようになって、私としては助かっています。職場でこういうときどう振る舞ったらいいかを一緒に考えて、それを行動に移してみて、その結果を伺ってまた次どうするかを考えるということをここまで繰り返してきましたね。それがXさんのコミュニケーションの力につながってきているんだと思っています。私と話すこと自体もコミュニケーションの練習というところがありますし。それがここでやっていることです。そう聞かれて、Xさん自身はどう思われますか〉

こうした疑問が語られたときは、カウンセリングにおける変化について、過大評価も過小評価もすることなく、できるだけ具体的に、そして肯定的に伝えます。変化のアセスメントについては、『Q&A』177〜178、『遊Q&A』183〜184、『見立てと方針』ステップ11も参照してください。

次は、自分がカウンセリングに来ている理由を尋ねてきたクライエントに関するワークです。

ワーク182

来談している意味に関する戸惑いを取り上げるワーク

クライエントは「子ども時代から続く憂うつな気分をなんとかしたい」という主訴で訪れた40代半ばの女性です。クライエントは当初から自己探索を望んでいました。2回目以降、自身の生活史を振り返り始めましたが、5回目になって、少し沈黙した後こう言いました。

「私……どうしてここに来ているのでしょう」

こう語るクライエントの心の中で何が起きているのでしょうか。もともと自分の意志で来られた方ですし、自分がここに来ることになった経緯を忘れているわけではありません。来るのが嫌になったとか、意味がないとかでもなさそうです。この後何と答えるか考えてください。

自己探索的なカウンセリングでは、こうしたことが起き得ます。自分の生活史を振り返り始めると、子ども時代から続く憂うつとのつながりが見え隠れするようになってきます。自分の心の中にずっと棲んでいるものの正体を見たいような、見たくないような気持ちが湧いてきます。カウンセリングが深まり始めたところで立ち止まっているのかもしれません。対話の例を示します。

ワーク182の解答例
〔対話10-3〕
〈ほう、面白い質問ですね〉
「(小さく) えっ？」
〈最初は憂うつな気分をなんとかしたいということでしたね。しかし、話しているうちに自分がどうしてここに来ているのかわからなくなってきましたか〉
「(頷く)」
〈それはきっと、過去の自分を振り返り始めて、その憂うつな気分の背後に何か複雑な思いがありそうだということに気づいてきたからなんだと思います。でも、それが何なのかまではまだよくわからない。とはいえ、その何かに向かって少しずつ近づいて行っている、ちゃんと前進していると私は思っています。いずれ自分で答えがわかるときが来るはずです。ある意味、その答えを見つけるのがこの場合のカウンセリングですから〉

　自己探索を始めるとこのようなことが起き得ること、これは停滞なのではなく、進展していっている証なのだということを知っておくとよいでしょう。
　無断キャンセルという形で、カウンセラーに心を伝えてくるクライエントもいます。そのことをどう扱うかを次のワークで考えましょう。

ワーク183

無断キャンセルを次の回で話題に取り上げるワーク

　カウンセラーが自らの都合で1回休むことをクライエントに伝え、了解を得ました。予定されていた次の回、カウンセラーは自分の都合で休んで申し訳なかったなという気持ちを抱きながら待っていましたが、クライエントは初めて無断でキャンセルしました。クライエントの心の中でどんなことが起きていたのかを推測してみてください。その上で、無断キャンセルについて次の面接でどのような言葉で取り上げたらよいか考えてください。

　「都合でお休みします」と言われても、日常の関係であれば、「ああ、大丈夫ですよ」とか「先生もお忙しいでしょうから」などと言って収めるのが（多少は嫌味が混ざっているとしても）社会における「常識」的対応でしょうが、カウンセリングにおいては必ずしもそうではありません。「2週間も（自分が）持つかなあ」と率直に不安を口にする人もいますし、その場で露骨に不満を述べる人もいます。それでも、表に出してくれればどう思っているのかがわかりやすくてよいですが、その場ではほぼ無反応で、次の回を遅刻してきたり、キャンセルの連絡をしてきたり、無断でキャンセルするという行動を取る人がいます。遅刻やキャンセルの連絡がある場合は、現実的な理由でやむを得ないことがありますから、心理的意味合いだけでとらえることはできませんが、心理的意味合いが含まれていることもあります。無断キャンセルとなれば、忘れていたの

であれ、意図的に連絡しなかったのであれ、心理的意味合いを考えないわけにはいかないでしょう。クライエントの中でどのような心の動きがあったのでしょうか。カウンセラーが自己都合で休んだこととのつながりはどうでしょうか。

　無断キャンセルの後、そのまま来なくなって中断となることもありますが、カウンセラーから連絡を取ると次回の予約を入れ、予定通り来られる方もおられます。では、次の回の面接で無断キャンセルについてどう触れるか。自分の都合で休んだことへの負い目から、あるいは無断キャンセルのことを話題にするとクライエントを責めるようになってしまわないかという心配から、無断キャンセルのことをスルーしたくなる人がいるようですが、これは、クライエントがカウンセリングやカウンセラーに対してどのような思いを抱いているかを聞いて、話し合うチャンスととらえるべきです。例えば、こんな言い方が可能です。

ワーク183の解答例
〔対話10-4〕
〈この前私が1回お休みをいただくと言ったとき、「はい」と頷かれただけでしたが、あのときどんなふうに感じておられたのでしょうか。私の休んだ後の回が連絡なくキャンセルになったので、何が起きたんだろうと思ったのですが〉
　すると、クライエントはこう答えました。
「ご迷惑なんじゃないかと思って」

　この言葉をヒントにクライエントの思いを推察してみましょう。カウンセラーが1回休むと聞いて、このクライエントは、「私は先生に迷惑をかけているのではないか。先生にとって役に立たない、よくないクライエントなのではないか。それなら自分が身を引いて、カウンセリングをやめないといけない」と思った可能性があります。それで、無断キャンセルとなったのでしょう。カウンセラーのほうから電話連絡をしなければ、そのまま中断となっていたかもしれません。

　カウンセラーのほうは迷惑だなどと思ったことはありません。そこで事例を振り返り、クライエントが以前から生活の中で、「自分はここにいてはいけない

人」だと考えて、自ら身を引くことを何度か繰り返してきたことを思い出します。つまり、そのテーマがカウンセラーの休みをきっかけにカウンセラーとの間でも再現されたということです。それであれば、〈私は迷惑なんて思っていません〉と答えるだけではおそらく足りないでしょう。

〈私が休むと言ったのは、私に迷惑をかけているからじゃないかと感じられたということですか〉
「(頷く)」
〈＊さんには以前にも何度か、自ら身を引いたというエピソードがありましたね。今回は、私に対しても同じように身を引こうと思われたのではありませんか。私は迷惑だなんて思っていませんが〉

この後、クライエントとこのテーマについて話を続けていきます。

ところで、このクライエントは「ご迷惑なんじゃないかと思って」という答えでしたが、「私よりも大事なものがあるんだと思って」という答えのクライエントだったらどうでしょう。「先生のバカヤロウ」と内心思い、その途端「先生に申し訳ない」と思い、「先生に嫌われてしまった、次に会ったら先生に叱られる」と怖れを抱き、「もう会うことはできない」と考えて無断キャンセルとなったのかもしれません。あるいは、「先生のバカヤロウ」と思い、「先生に仕返ししてダメージを与えてやりたい。同じ思いを味わわせてやりたい」と考えたことで無断キャンセルに至ったのかもしれません。

ここに挙げた、無断キャンセルに至る3つの流れをまとめておきます。他にもあるはずです。カウンセラーが自分の都合で休んだ場合の影響については、**『Q&A』174**も参照してください。

[パターン1]
〈1回お休みをいただく〉→先生に迷惑をかけているのではないか→自ら身を引く→無断キャンセル

［パターン２］

〈１回お休みをいただく〉→私よりも大事なものがあるんだ→先生のバカヤロウ→そんなふうに思って申し訳ない→先生に嫌われてしまった→次に会ったら先生に叱られる→もう会うことはできない→無断キャンセル

［パターン３］

〈１回お休みをいただく〉→私よりも大事なものがあるんだ→先生のバカヤロウ→仕返ししてダメージを与えてやりたい、同じ思いを味わわせてやりたい→無断キャンセル

　さて、クライエントが不信感を抱き、不満を言ってくるとき、この章では、それをクライエントが抱える心の苦しみと結びつけて話を進めてきました。普段から人というものに不信感を抱いて生活している人であれば、カウンセラーとの関係ができてくれば、あるいは出会いの最初から、カウンセラーに対しても不信感を抱くことはある意味自然なことかもしれません。ですから、クライエントの戸惑い、ためらい、疑問、不信感などを含んだ言動をそのクライエントが抱える心の苦しみの反映であるととらえ、その理解に役立てるのです。これは一方で大切なことです。

　しかし、カウンセラー側に明らかな落ち度がある場合はどうでしょう。その場合に、カウンセラーがクライエントからの指摘や訴えを、すべてクライエントの「心の病理」であるかのように解釈し、それに対する不満の表明をもまたさらに解釈し続けるとしたら、カウンセラーの「自己保身」と言われても仕方がないと思います。落ち度があるなら素直に反省し、謝罪しなければなりません。これは次章で取り上げる「倫理」に関わることです。

第11章

倫理に絡む応答

カウンセラーは、その活動を始める前に、守秘義務、多重関係の禁止、インフォームド・コンセント、カウンセリング技法や心理検査の適切な使用といったカウンセラーとしての倫理を学び、活動を始めてからずっとその倫理を守り続けます。クライエントが語った話を興味本位で面白おかしく他言するのが倫理違反であることを理解していないカウンセラーはいないでしょう。また、①勤務先で担当となったクライエントを「このままでは悪化する」と脅して自分が私的に開業している相談機関に通うことに「同意」させ、法外な料金を請求する、②研究業績を増やして自分に箔をつけるために、クライエントに無断で事例論文を公表する、③自分の欲求を満たすためにクライエントを性的に濫用する、といったことが倫理違反であることは、誰もがわかるはずです。①から③は平たく言えば、「金と名誉と男と女」に絡む逸脱の話です。カウンセラーの「煩悩」の話と言ってもよいでしょう。

　こうした逸脱を起こさないために、カウンセラーは自らの欲望を自覚しなければなりません。金を稼ぐこと、仕事をきっちりやって人から認められたいと思うこと、人と親密なつながりを持ちたいと思うこと、それ自体が悪いのではありません。それを満たすに当たって、その対象と方法について吟味が要るということです。性愛的な濫用を防ぐためには、信頼関係と性愛的親密さを区別する、恋愛性転移への対処法を身につける、そして個人的な性愛的欲求はカウンセリング以外の場で合法的に満たすといったことを意識することになります。

　カウンセラー自身の名誉欲のために利用されたと疑われないためには、論文発表、研究発表に際してはそのことを説明し、文書で同意を取ることは必須です。また、カウンセラーが各種資格の取得を目指しており、「資格取得のためには経験時間数が何時間以上必要」という条件を満たすためにある事例をその数に入れているとします。時間数を満たしていない段階でクライエントから中断を申し出られたらどうするか。その申し出の意味を考え、話し合うことは必要ですが、カウンセラー側の都合で引き延ばすようなことがあってはならないでしょう。カウンセリングをいつやめてもよいことはクライエントの権利として常に保障されていることです。途中でやめることのリスクについて話し合う場合も、カウンセラーの利益を守るための脅しと受け取られないよう配慮が必要です。

金銭的な利益優先のためと疑われないためには、料金体系を明示して合意を得る、いたずらに長引かせない、カウンセラーの都合などで別の機関で自分が継続担当することになった場合は、料金の変動について改めて合意を得るといった点に留意しましょう。公的機関に勤める若いカウンセラーがクライエントに、最近他県で開業した自分の恩師のオフィスに通うよう紹介したという例を聞いたことがあります。しかも紹介先はそのオフィス1箇所しか伝えていません。これでは、お世話になった恩師への利益誘導（上納？）と疑われても仕方がないでしょう。他機関紹介の際は必要性を十分に説明するとともに、クライエントが選択できるように複数の選択肢を挙げる必要があります。

　要するに、「こういう言動をしたらクライエントに疑われる危険性があるな」と自ら気づく力を養うことが倫理的態度の基本です。では、上に挙げたような極端な逸脱行為をしなければ、カウンセラーは普段倫理のことを気にせずに活動していればよいのでしょうか。そうではありません。**カウンセラーの倫理は日常業務の細部に宿る**のです。例えば守秘義務には、他言しないことだけではなく、個人情報をどれだけしっかりと管理できているかが含まれます。そもそも記録の書き方に気をつける、記録簿を整理して鍵のかかる場所に保管する、デジタル文書にパスワードをつける、USBメモリーや外付けハードディスクといったデジタル文書の保管場所にロック機能をかける、といった日々の活動に倫理意識が滲み込んでいかねばなりません。パスワードやロック機能などを煩わしく感じる人がいるようですが、便利さを犠牲にしてでも倫理を優先せねばならないことはあります。**「便利より倫理」**です。記録に使用されるデジタル機器や情報システムは、これからも時代とともに変化し、さらに便利になっていくでしょうが、それでも便利さより倫理を優先せねばならないことがあるかもしれません。

　時代が変われば、倫理を守る形は変化していきます。SNS（ソーシャルネットワーキングサービス）が盛んになったこと、それ自体はよい点もたくさんありますが、カウンセラーとクライエントが面接以外の時間帯にSNSやEメールを使ってやりとりし、プロレスの「場外乱闘」さながらにバトルを繰り広げている例を耳にするようになりました。そのカウンセラーは、カウンセリングの面接構造、枠の大切さを再度勉強し直す必要があるでしょう。では、クライエント

がカウンセラーのSNSを見つけて、攻撃的な調子のコメントを書いてきたら、あるいはクライエントのSNSにカウンセラーを批判ないし誹謗中傷する文言が書かれているのを発見したら、どう対応するか。自己愛を傷つけられたと感じることは理解できますが、怒りの反応をオンライン上ですぐに返すのは、カウンセラーとして初期対応の誤りでしょう。それでは互いにヒートアップしていく危険性があります。次のカウンセリングの回に冷静に取り上げ、面接時間以外にはやりとりはしない、伝えたいことがあれば面接の中で聞くと伝えて、枠の中に戻そうとするのが基本だと思います。

　日常業務の話に戻ります。例を１つ挙げましょう。

　ある相談機関では、複数の心理士や他職が机を並べているスタッフルームがあり、そこから遠くないところにクライエントの待合室があります。あるとき、待合室でクライエントが神妙な面持ちで座って待っていると、スタッフルームから複数名の爆発的な笑い声が聞こえてきます。クライエントは何事かと思い、自分とスタッフの間の温度差を感じて、「ここには心に苦しみを抱えて相談に来た人に対する配慮がないのか」と内心憤りを覚えます。面接を終えた後、「ここは賑やかなところですね」と言い残して、次回の予約を取らずに帰ります。

　大変残念なことです。スタッフが職場で仕事の合間にくつろぎ、冗談を言い合って悪いことはありません。しかし、心理相談機関という性質を考えると、クライエントに聞こえるように大声で騒いだり、大きな笑い声を立てたりするのは、配慮が足りないと言わざるを得ません。こうした配慮ができる繊細さも、日常業務に現れる倫理の話と言えるでしょう。

　そして、クライエントとのやりとりにおける一言もまた「日常業務の細部」となります。自分がどのような倫理観を持っているかは、咄嗟の判断を求められる場面において自分の口から出てくる一言に現れ出ます。クライエントの個別性を考えながら倫理的配慮のある一言をその場で瞬時に言えるかどうか。それがこの「応答」に関する本の一章で倫理を取り上げる理由です。私は、臨床心理士を目指す人に何度か、**「臨床心理士の臨は、臨機応変の臨」**と言ったことがあります。臨機応変な対応は最初のうちは特に難しく感じられるでしょう。

うまく対応できず、咄嗟に不適切な一言を言ってしまい、後で自分の至らなさに落ち込むことがあるかもしれません。もしそうなったら反省すべき点はしっかり反省して、機会が与えられるならもう一度頑張ることです。その苦い経験をその後の倫理的態度の支えとする感覚です。
　繰り返しますが、倫理的態度とは、「この場面でこうすることに倫理的な問題はないだろうか」と自らに問う姿勢を常に持ち続けることにほかなりません。これを忘れると、人は不遜になります。中堅、ベテランと言われるようになると、あるいは若い人でも、自らを権威づけようとして不遜な態度を取る人が出てきます。世の中に「カリスマ・カウンセラー」などいません。「有能なカウンセラー」はいるでしょうが、有能なカウンセラーに不可欠な条件は、「自分の限界を弁えている」ということです。謙虚さを忘れ、まるで自分には限界がないかのように振る舞うカウンセラーは信用しないほうがよいでしょう。自分を実際以上に大きく見せようとして、自らを「カリスマ・カウンセラー」と呼んだり、人にそう呼ばせてそれを放置しているような人は要注意です。どこかで無理や無茶をすることになるでしょうから。
　倫理的な自己チェック機能は働いているでしょうか。信頼できるカウンセラー同士で相互に倫理的なチェックをし、倫理面での相談ができる人間関係を持っているでしょうか。
　前置きが長くなりました。ワークに移りましょう。最初は、守秘義務に関連するワークです。

ワーク184

秘密保持に関するワーク

　クライエントに秘密を守ることを伝える際により適切な表現はどちらでしょうか。
　A〈ここで話したことを他の人に漏らすことはありません〉

B〈ここで話したことは、2人だけの秘密だからね〉

ワーク184の解答例

　答えはAです。秘密を守るとは、聞いた話を他言しないということであって、2人の親密さを強調することとは違います。しかしBの言い方は、異性であれ同性であれ、必要以上に2人の親密さ、閉じた関係を伝えるものです。そう聞くと、親密さの中に埋もれようとしてより近づいて来ようとする人がいるでしょうし、逆に、怖くなって遠ざかろうとする人もいるでしょう。言葉の選択には繊細さが必要です。なお、Aにしても、守秘義務の例外状況について伝える必要があることを付け加えておきます。

　次のワークです。相談機関の外でクライエントに偶然出会ったときの基本的対応については、『Q&A』164に「礼儀正しく、あっさりと」と書きました。では、出会った上に、「別の場所で話しませんか」と誘われたらどうしたらよいでしょうか。

ワーク185

クライエントとの心の距離に関するワーク

　面接後、相談機関の外に出て付近を歩いていたら、先ほど面接を終えたクライエントに偶然出会いました。双方ともすれ違いざまに同時に気づきましたので、知らん顔はできません。一礼して去ろうかと思っているうちに、クライエントから「先生」と声をかけられたので、無言で立ち去るわけにもいきません。そして、「いつもあの部屋でばかりお話ししているので、たまには外でお茶でも飲みながら話しませんか」と誘われました。何と返しますか?

もしこれが、「こちらはクライエントが少し離れているところを歩いているのに気づいたが、クライエントは下を向いて歩いているのでこちらには気づいていないようだ」という状況であれば、こちらからわざわざ声をかける必要はありません。しかし、この場合は２人とも気づいていますし、すでに声をかけられていますから、「なかったこと」にして立ち去るわけにはいきません。こんなふうに誘われて、〈たまにはそれもいいですね、行きましょうか〉と誘いに乗る人はいないはずです。とはいえ、断って傷つけないかと心配になる人はいるでしょう。ここで「礼儀正しく、あっさりと」という姿勢が大事になります。自分自身の戸惑いから、相手を冷たくあしらわないようにしないといけません。では、〈誘っていただいてありがとうございます〉と返すのはどうでしょうか。カウンセラーは誘われても行くことはありません。〈ありがとうございます〉とか〈嬉しいです〉のように返すと、中には、誘うのは悪くないんだ、先生は喜んでくれるんだ、今日はダメでもまた今度誘ってみようかな、と思うクライエントがいるかもしれません。この言い方は、不用意に距離を近づけてしまいかねないという意味で好ましくないと思います。後日、このときのことを面接の中で話題に取り上げる際に、〈ああ、それで誘ってみようと思われたんですね〉とクライエントの気持ちを受け止めることはしますが、〈誘っていただいて嬉しいです〉と私の気持ちとして伝えることは私はしません。そもそもクライエントから他の場所で話しませんかと誘われることを私は嬉しいとは感じませんから。

　〈この後用事があるので今日は無理です〉という理由で断るのは、他の日ならよいのかという期待を抱かせますから、これも適切な言い方ではないでしょう。たとえ都合が悪くなくても行かないという姿勢を示さないといけません。では、〈規則で禁じられていますので〉と言って断るのはどうでしょう。本当にそういう規則があるかと言えば、必ずしもどこかに書かれているわけではありません。

「規則って、どこに書いてあるんですか」と迫ってくるクライエントもいるでしょうし、こう言っても「別にいいじゃないですか」と言ってくるクライエントもいるかと思います。たとえその相談機関の対応マニュアルに書かれていても、「書かれているからダメ」なのではなく、「ダメだから書かれている」わけですから、そのダメな理由、それをダメとするカウンセリングの精神を、わかりやすく手短に説明する必要があるわけです。〈規則で禁じられていますので〉という言葉は、「私が断っているのではありません、規則なので仕方ないんです」というニュアンスが感じられ、自分の責任を回避しようとしているように聞こえます。

　これらを踏まえて、私は（クライエントによって、またクライエントとの関係によって多少変動はあるとしても）基本的にこう返します。

ワーク185の解答例
　〈大切なお話を、他の人に聞かれるところで話すわけにはいきません。また次回いつもの場所でじっくり聞かせていただきますので、そのときにお話しくださいね〉

　立ち話で長くは話せません。これで納得してもらえるようなら、態度で礼を尽くしてお辞儀をして立ち去ります。それが「礼儀正しく、あっさりと」です。納得してもらえず、まだ何か話したそうにしても、〈また次回に〉と繰り返し、同様に礼を尽くしてその場を離れます。

　これで終わりではありません。『Q&A』164にも書きましたが、このときのことを次の回で話題に取り上げます。中には、「あんなこと言ってよくなかったかな」と思いつつ、そのことを言い出せないクライエントもいるでしょうから、クライエントのほうから話題にしない場合にこそ、カウンセラーから取り上げる必要があります。

　〈この前、カウンセリングの後で、バッタリお会いしましたね〉
　「びっくりしました」
　〈びっくりしましたね〉

「私、あんなことを言って、よくなかったかなと思って……」
〈いいえ。今後も外でお話を伺うことはありませんが、あのとき、「いつもあの部屋でばかりお話ししているので」とおっしゃっていたのが少し気になっているんです。ここで話すことはどんなふうに感じておられますか〉

　どんな可能性があるでしょうか。50分では話し足りないのでしょうか。面接室だと緊張し、窮屈に感じられるのでしょうか。集中して自分の心を見つめることに疲れてきたのでしょうか。何らかの変化を求める気持ちが強まっているのでしょうか。
　あるいは、〈この前、お茶を飲みながら話すとしたら、どんな話をしたかったんですか〉と尋ねることもできるでしょう。『遊Q&A』121では、4歳の女児から終了間際に「おうちに来て」と言われた例を短く取り上げ、お家には行けないことを伝えるだけでなく、〈先生がおうちに来たら、何をしてほしい？　一緒に何する？〉と空想を広げる質問をしてみると書きましたが、それと同様です。
　もし、誘いを断ったことについて、「先生は、固いですね。少しくらい外で話してもいいじゃないですか。ただ雑談するだけなのに」と言われたら、例えばこんなふうに答えるでしょう。〈いえいえ、＊さんの時間はこの50分間。私はこの時間を大切にして、この中で＊さんのことを一所懸命考えるのです〉。断られたことを不快に思っていることが伺えたら、〈断られて嫌な気持ちになられましたか〉と尋ね、そのことを話し合いましょう。
　こうしたやりとりの中で、クライエントが何を望んでいるのか、普段どんなふうに物事を受け止め、どのような感情を抱きやすいのか、どんなふうに心が揺れ動くのかが見えてきます。外で出会ったことは偶然ですが、起きなくてもよい面倒なことが起きてしまったと思うのではなく、偶発的な出来事を活用する感覚を持つことです。

　次はクライエントの体に触れることに関する倫理です。仮にこんな場面があったとしたら何と答えるでしょうか。

ワーク186

体に触れることに関する倫理のワーク

　カウンセリングを受けるのは初めてという人が心理相談機関を尋ねてきました。主訴を尋ねるとこういう発言がありました。

「人と接していると、なんだか体が強張って、肩が凝るんです。肩を揉んでもらえませんか」
〈肩を？　ああ、それなら来るところはここじゃないかもしれません〉
「えーと、ここは何をしてくれるところなんですか？」
〈ここは、…………〉

　クライエントの最初の訴えに即して説明し、カウンセリングにつなげてください。

　カウンセリングでは、基本的にクライエントに体に触れることはしません。カウンセリング、心理療法には多様なやり方がありますから、中にはクライエントの体に触れる技法もありますが、その場合はその技法を用いる団体の倫理規程等を参照してください。いずれにしても、セラピーとしての必要性以上に体に触れることはありません。
　この例では、〈肩は揉みません〉と伝えるだけでは足りません。じゃあカウンセリングでは何をしてくれるの？という疑問に答える必要があります。とはい

え、カウンセリングとは何かについて講義を始めるわけではありません。クライエントは「人と接していると、なんだか体が強張って、肩が凝るんです」と言っていますから、これに即して見立てを進めながら言い方を考えましょう。

ワーク186の解答例
〔対話11-1〕
〈ここは、肩ではなくて心を揉みほぐすところです〉
そして、続けます。
〈人と接していると、なんだか体が強張って肩が凝る、とおっしゃいましたね。人と接するときでなくても、体が強張る感じはありますか〉
「いや、それはそうではないかも」
〈人と接しているときにそうなる。ということは人と接するとき、何か緊張したり、不安を覚えたりというのがあるのかもしれません。その緊張や不安が小さくなれば、体が強張らなくなって肩が凝らなくなる。ここでするのはそういうことです〉
「どうすればいいですか」
〈とりあえず、最近でも昔でもいいんですが、人と接して緊張したというエピソードを1つ2つ教えていただけませんか。それをもとに、どうしたら対人緊張が減るかを一緒に考えていけると思うのですが〉

「体には触れません」と答えるだけでは、できないことを伝えるだけになりますので、ここではこういうことができます、こういうことをしてくださいと伝えることが肝心です。この場合、言葉のやりとりだけでなく、リラクセーションを併用することも考えられます。

次は性愛的感情に関わる倫理のワークです。

ワーク187

性愛的感情に関わる倫理のワーク①

　クライエント（女性）「先生とお会いできたことが奇跡みたいです。知り合いからカウンセリングを受けてみたらどうかと言われてネットで検索して、最初に見つけたのがここで。それに、ここにはカウンセラーが何人もいるのに、こうして先生にお会いできて……」
　カウンセラー（男性）〈まるで、運命の赤い糸でつながっていたみたいですね〉
　クライエント「本当に」

　このカウンセラーの応答は倫理的に見て問題があるように思います。それはどのような理由でしょうか。より中立的な応答としてはどのような言い方があるか考えてください。

　クライエントの言葉には、カウンセラーに対する信頼が感じられます。しかし、「奇跡」という言葉には理想化の要素が窺えますから、それを助長するような返し方は慎むべきです。奇跡と呼ばれて喜んでしまうのではなく、そうした理想化がどこから来るのか、クライエントが抱える心の苦しみとどのようにつながっているのかを吟味するのが我々の役割です。しかし、このカウンセラーは「運命の赤い糸」という恋愛関係を連想させる言葉をわざわざ使っています。このような言葉を使えば、理想化はさらに助長され、カウンセラーに恋愛感情

を抱く可能性が高まるでしょう。「本当に」と返したクライエントはすでにポーッと浮かれたような気持ちになっているかもしれません。カウンセラーとしては、より中立的な表現を使うことが望まれます。例を2つ挙げます。

ワーク187の解答例
〈「奇跡」かどうかはわかりませんが、偶然の力が作用したということですね〉
〈いくつかの偶然が重なったんですね〉

この応答では、「奇跡」ではなく「偶然」という言葉に置き換えることで、理想化を中和しています。信頼されていることに安心して「よかったです」とか「ありがとうございます」と答えたくなる人がいるかもしれませんが、「奇跡」というような言葉が使われた後では、そういう返しはしないほうが賢明です。この後は、〈カウンセリングはご自分にとってどのように役立つと考えておられますか〉と尋ねることができるでしょう。カウンセリングについてクライエントがどう感じているかを話題にするよい機会ととらえるのです。

性愛的感情に関わる倫理のワークをもう1つ。

ワーク188
性愛的感情に関わる倫理のワーク②

「あのー」とクライエント（女性）がおずおずと話し始めます。
「昨日、先生（男性）が夢に出てきて」
〈ほう、どんな夢でしたか〉
「先生に優しくギューッと抱きしめられたんです。目が覚めたときはびっくりしたけど、心が安らぐのを感じました」

この後どう応答しますか。

例えばこんな応答はどうでしょうか。
〈そうでしたか。夢の中で体験したことを現実に体験すると、より深い心の変化が生じるかもしれません。それが「夢を生きる」ということです。臨床心理学の理論では、2人が一旦結ばれて融け合い、そこから離れていくときに、心が生まれ変わるとされています。今、実際にやってみますか？〉

これが倫理違反でないことがわからない人は、カウンセラーにならないほうがよいですし、"すでになってしまった"人は続けないでいただきたいと思います。何らかの理論を捻じ曲げて使用し、いくらもっともらしい説明をしても、これはクライエントを性的に濫用しようとしているにすぎません。この場合のポイントは、夢を現実化するのではなく、心の中の動きとして扱うということです。

ワーク188の解答例
〔対話11-2〕
〈そうでしたか。＊さん（クライエント）の心の中で一体何が起きているんでしょうね〉
こう問いかけてクライエントに自分の心について振り返ってもらいます。カウンセラーもまた、クライエントの心について思いを巡らせます。カウンセラーに抱きしめられる夢を見たというのはどういうことか、それで安らいだというのはどう考えたらよいか、この夢をカウンセラーに伝えようと思ったのはどのような気持ちからか。そしてクライエントと話してみます。
〈心が安らいだんですね。それは夢の中で？　それとも目が覚めてびっくりし

た後ですか〉

「うーん、まず夢の中で安らいで……夢の中ではびっくりはしていなかったと思います。目が覚めてびっくりしたけど、その後また安らいで、という感じかな」

夢の細部についても尋ねることは多々ありそうです。抱きしめられる直前の流れは？　「優しく」と感じられたのはどういうところから？　抱きしめられていた時間の長さはどれくらい？　その後どうなった？

話が一区切りついたら、こう尋ねてみます。

〈この夢を話してみて、今はどんなお気持ちですか〉

「ちょっと恥ずかしかったから、言おうかどうか迷いもあったんですけど、先生が静かに受け止めてくれたので、言ってよかったです」

これが例えば、クライエントがかつて子ども時代にあまり感じられなかった安心感が心の中に育ってきているということの現われなのであれば、よい変化を表す夢と言えるでしょう。こうした夢が語られたからと言って、「恋愛性転移を向けられた、エスカレートしたらどうしよう」と直ちに恐れることはありません。また、こんなふうに言ってカウンセラーの反応を試しているクライエントも中にはいるでしょうが、皆がそうではありません。

倫理のワークの最後は、カウンセラーとしての意見書を求められた場合の留意点についてです。

ワーク189

意見書を書く場合の中立性に関するワーク

　クライエントは夫婦関係のことで相談に来られました。離婚したいと配偶者に伝えたのですが、配偶者は離婚に反対の姿勢を貫いていて、話が拗れ、裁判になっています。クライエントとその弁護士から、「離婚できるように、裁判の資料としてカウンセラーとしての意見書を書いてほしい」と

> 依頼されました。引き受けるか、引き受けてよいのか、書くとすれば何をどこまで書けばよいのか悩んでいます。どのように考えてどう対応すればよいでしょうか。

　四半世紀も前のことになりますが、拙著『スクールカウンセラーが答える教師の悩み相談室』のQ165で、高校のスクールカウンセラーが、教員から「出席日数がぎりぎりで足りず、進級をどうするかが問題となっている不登校の生徒がいて、教師間で議論になっているが、結論が出ないので意見書を書いてほしい」と言われたという相談例を取り上げました。他にも、「精神疾患でカウンセリングを受けている児童生徒に自傷・自殺の危険があるため、今は学校を休んでもらっているが、どうなったら登校させて大丈夫かについて意見書がほしい」と言われたり、クライエントが成人の場合、休職や復職に関してカウンセラーが意見書を求められたりすることがあります。クライエントの身分や収入の増減に関わることですから、慎重さが必要です。意見書を書くことを求められても、二つ返事で「ハイハイ、書きますよ」とはいきません。書く目的は何か、書いたものに誰が目を通し、どこでどう扱われるのかをあらかじめ確認しておきましょう。そして、書くにしても何をどこまで書くかです。自分の書いたものが当のクライエントだけでなく周囲にどのような影響を及ぼすのかを想像しながら行動する必要があります。このように考えてくると、カウンセリングは決して二者関係で閉じているものではなく、社会の中で行っている活動であることを改めて意識させられます。

　さて、このワークで求められているのは、離婚訴訟の資料としての意見書です。進級や休職・復職を目的としたものと違ってさらに難しいのは、争いの相手（配偶者）がいるということです。担当するクライエントに共感するあまり、クライエントに一方的に肩入れしたようなことを書けば、配偶者は不満を抱くでしょう。ましてや、会ったこともない配偶者のことを、クライエントの話だけに基づいて悪い人呼ばわりすれば、配偶者からカウンセラーが訴えられる危険性すらあります。ですから、可能な限り中立性を保たねばなりません。心理士の場合、「弁を尽くして依頼者にとって有利な結果を勝ち取る」のが目標では

ありません。カウンセリングをしていればクライエントへの思い入れが出てきますから、依頼者であるクライエント側にいくらか偏ることまでは否定できないでしょうけれども。

　書く場合、カウンセラーとして書けるのはどこまででしょうか。こうした場合は、科学者としての態度を貫くというのが基本だと思います。カウンセリングをいつから受けているかといった客観的事実や、「クライエントの話に基づいて考えると、クライエントの現在の心理状態はこうで、このようなことに苦しんでいて、もし今後もこのままの状態が続いたらクライエントにこのような影響が出ると考えられる」という見立ては書けるでしょう。配偶者については、その言動に関して裏づけのある客観的事実は書けても、「配偶者がいかに酷い人であるか」といった相手を貶める評価は、クライエントの話を聞くだけでは判断できないはずですので書けません。「クライエントはこのような状況から逃れるために離婚するしかないと考えており、そうした願望を持つことは、今の心理状態からすれば十分に理解できる」は書けますが、「カウンセラーとして、この夫婦は離婚するしかないと考える」とか「離婚すべきである」と書くのは、一方の話しか聞いていない以上、心理の専門家として言及できる範囲を逸脱していると思います。「意見書」だからといって、きっぱりとした最終意見を書かねばならないわけではありません。どこまで書くかは、事例によって異なってくるでしょうが、熟考の上判断すべきことです。

　要は、「自分が、自分の聞いた範囲内で、心理カウンセラーとして書けることはここまでだ」という線引きを意識することです。臨床心理学理論を多数盛り込んで見かけ上立派な意見書を拵え、「自分は多くの事例を経験した専門家だから、私の意見に間違いはない」と自分を権威づけるような態度を取るのではなく、ここでも謙虚さが必要です。また、クライエントに関する個人情報を必要以上に出さない配慮も要ります。そもそもクライエントからの依頼ですので、書くこと自体の同意はすでに得られていますが、何をどこまで書くかについても同意を得ておくことが望ましいでしょう。また、この点をこのように書いてほしいと頼まれても、書けないことは書けないと言わねばなりません。

　まとめると、カウンセラーとして倫理的であるとは、「倫理上問題はないかと

引っかかり、倫理的ジレンマを抱え、その中で判断し、結果を検証する」力を持つことです。倫理的判断はどれだけ経験を積んでも難しいところがあります。その判断の妥当性は事例によって変動するところがあるためです。例えば、中立性が大切だと言っても、生命の危険が迫っている事例では保護することがまずは優先されるべきでしょう。といって、どんな場合でも冷静さを失って正義感が暴走するようなことがあってはならないでしょう。私が解答例として書いたことも、議論の余地が十分にあります。本章に書かれたことをもとにグループで話し合い、意見を出し合って倫理的判断を鍛えていただければと思います。また、実際のカウンセリングの中で1人で判断するのが不安なときは、スーパーヴァイザーや信頼できるカウンセラー仲間に相談しましょう。

第12章

遊戯療法における応答

ここまでは成人のクライエントを対象とした応答を考えてきました。最後の章のテーマは、遊戯療法における子どもへの応答です。遊戯療法において、セラピスト（この章では「カウンセラー」ではなく「セラピスト」を使います）はクライエントの思いもよらない言動で、心や頭を揺らされることがあります。そうした場面で、見立てに基づいて何と返せばよりよい心理支援、心理療法となるのかがテーマです。なお、ここで言う遊戯療法は、「遊びを媒介とした心理療法の一種」であり、クライエントである子どもに楽しく遊んでもらうことを直接の目的としているのではなく、「遊びを心の中の表現として受け止める」ものを指しています（『**遊Q&A**』1〜3）。応答のワークの前に、子どもの遊びの受け止め方に関するワークをしましょう。

ワーク190

遊びの意味の読み方に関するワーク①

　男児の遊びの中にウルトラマンが出てきました。この遊びの意味合いに関して、次の2つの理解の仕方が適切かどうかを考えた後、これ以外のより適切な理解の仕方を考えてみてください。
　A「男の子はウルトラマンが好きだもんね」
　B「ウルトラマンはヒーローの象徴だ」

ワーク190の解答例

　Aは、男の子の一般心理の話にしてしまっています。これではこの子の個別の心は見えてきません。そもそも、男の子はみんなウルトラマンが好きとは限りませんし、ウルトラマンが好きな女の子もいます。
　Bは、事例によっては間違っていないかもしれません。しかしこれは、「元来、ウルトラマンは正義の味方、ヒーローである」と言っているにすぎません。元来そうだからと言って、子どもの遊びの中でウルトラマンがいつもヒーローと

して描かれるとは限りませんから、この子が表現したいこととずれている可能性があります。ウルトラマンの持つ意味は、そのクライエントがどんな子か、その遊びのストーリーにおいてウルトラマンがどのような存在として描かれているかによって違ってきます。よく観察してみなければわかりません。もし、「ウルトラマンなのに弱くて、いつも怪獣に負かされる」のだったらどうでしょう。あるいは逆に「ウルトラマンは強すぎて、怪獣たちをすぐに全部倒してしまうが、気がつくと独りぼっちになっている」のだとしたらどうでしょう。どちらもヒーローとは違う存在です。この子はそうしたウルトラマンに自分の心をどのように託しているのかと考えてみましょう。

　こういうふうに言うと、「考えすぎだと思う。子どもはそんなことを考えて遊んでいない」という人もいます。もちろん、子どもは「私の遊びの中のこの人形はこういう意味で、私がこうしているのにはこういう思いが込められている」と意識して遊んでいるわけではありません。しかし、大人が自分の言動に知らず知らずに思いを乗せているのと同様に、子どもの遊びにはその子の思いが表現されています。それが遊戯療法的な考え方です。自分の中にある漠然としたものを表に現わし、他者からそれを心の表現として受け止める反応が返されたとき、その漠然としたものは形を成し、自分で扱いやすいものとなる。これは大人でも子どもでも同じです。

ワーク191

遊びの意味の読み方に関するワーク②

　子どもが「お城作る」と言い、ウレタン製の大きなブロックをたくさん組み合わせて城を作ります。「できた」と言って城の中に入り、うつ伏せに寝ます。しかし、隙間がたくさんあり、お世辞にも守りが強そうな城とは言えません。ウレタンブロックはまだけっこう残っているので、もっと組み合わせることはできるはずです。子どもは城からほどなく出てくると、セラピストに刀を1本渡し、自分は2本持って振り回します。刀からする

と、城は日本風で、2人はどうやら侍の敵同士という設定のようです。

　セラピストは城の守りの弱さと、子どもがそれをあまり気にしていないことが気になって、〈お前は刀を2本も持って攻撃のほうは強いが、城は穴だらけで守りは弱いぞ〉と言ってみました。「そんなのどうでもいい！」みたいに言う子もいるでしょうが、この子は急に役から素に戻ってこう言いました。

　「先生、ちょっと待って」
　〈何？〉
　「これ（城）直すの手伝って」
　〈いいよ〉
　手薄なところを協力して直し終えると、また先ほどの戦いのストーリーに戻ります。
　「これで守りも完璧だ」
　〈くそー、攻めるほうも守るほうも隙がないじゃないか〉
　2人はこの遊びを通して何をしているのでしょうか。

ワーク191の解答例

　これも、「子どもは城が好き」というような理解で終わらないようにしましょう。「この子が、今回この場面でこういう城を作ったのは、この子のセラピーの見立てと方針に照らして、どのような意味を持つのか」「城を使ってこの子はどのような心のテーマを展開しようとしているのか」と考えてみます。この子が作った城はどんな特徴を持っているでしょうか。強固か穴だらけか、平たいか尖っているか、高いか低いか、美しいか崩れかけか、内部は複雑か、抜け道があるかといった特徴を拾ってみます。あるいは、この城におけるこの子の役割は何でしょうか。殿様（王様）なのか、お姫様なのか、兵隊なのか、あるいは城を建てた大工なのか。

　この事例では、城の攻めと守りのバランスのことがテーマになっているように感じられます。この子は日常の中で、攻めと守りをどのように行っているのでしょうか。攻めるばかりで守りがなければ一時的には勝っても、振り返った

ら帰るところがなくなっているかもしれません。攻撃をするためには守りを固める必要があります。逆に、守るだけでは敵に周りを囲まれ、籠城を強いられていつか食糧が尽きてしまうかもしれません。この場合の攻めと守りは、何に対する攻めと守りでしょうか。自分に課せられた何らかの課題に対する取り組みのことでしょうか。それとも自分の中にある何か受け容れがたいものとの間に境界を置こうとする闘いでしょうか。あるいは、人間関係上の攻めと守りでしょうか。この子は人に対して強固な境界を築けているでしょうか。逆に外界との交流、風通しはどうでしょうか。

　このやりとりで興味深いのは、ストーリー上の登場人物として敵対関係を演じる合間に、「舞台裏」での協力関係が挟まれているところです。セラピストは舞台上での心の表現を支える裏方の役割と、舞台に上がる役者の二役を担っています。この子が「舞台」の上で何らかの意図を持ってストーリーを展開させようとしていることがわかりますから、ともかくそのストーリーについていきながら、与えられた役割を取ったりツッコミを入れたりしながらやりとりを重ねていきます。個別の遊びの意味を読むことについては、『遊Q&A』83〜93の例も参照してください。

　子どもは遊戯療法の中で唐突と思える発言をすることがあります。それは遊戯療法の魅力の１つでもありますが、何と答えればよいか戸惑うこともあるでしょう。

ワーク192

子どもの唐突な発言に応答するワーク

　教育相談所に通う不登校の小学生が、遊戯療法の途中で唐突に、「ここでは10回嘘をついてもいいんだよね？」と尋ねてきました。何と応じるか、応答をセリフの形で複数挙げてください。

ここでは 7 つの応答例を挙げます。

ワーク192の解答例

① 〈うん、いいよ。何回でも〉

　これは無条件に受容する言い方です。受け容れることが大切だと思われるときはこれでよいでしょう。ともかくこうやって一旦受け容れ、様子を見てから次の対応を考えるのでもよいと思います。

② 〈なんで？〉

　大人のカウンセリングでクライエントが「ここでは嘘をついてもいいんですよね」と尋ねてきたら、と考えてみましょう。〈嘘？　どうしてですか？〉と聞き返し、嘘をつくこと、それを今ここで尋ねてきたことについて話題に取り上げると思います。子どもの場合も受け容れるだけでなく、質問の真意を話題にすることが必要です。最もストレートに疑問を投げかける言い方がこれでしょう。

③ 〈うん、いいよ。10回でも20回でも。だけど、何のために嘘をつくの？〉

　前半では一旦大きく受け容れています。その上で、嘘をつく目的、嘘をつきたい欲求を話題に取り上げようとしています。

④ 〈いいよ。でもなんで10回なの？〉

　これは10回という数字に引っかかって、そこから話を掘り下げようとしています。10に何か特別な意味があるのでしょうか。それとも単に「多い」ということだけのことなのでしょうか。

⑤〈いいよ。で、嘘つくのは次で何回目？〉
　これまでの嘘の回数を尋ねることを通して、嘘をつくという行為自体を話題にしています。実際嘘をついたことはあるのでしょうか。それを気にしているのでしょうか。子どもは何と答えるでしょう。「1回だけついた」「嘘なんてついたことない！」「今までのぜんぶ嘘！」　それぞれどう答えますか。

⑥〈いいよ。だけど、「嘘ついてもいい？」って前置きしてから言ったら、嘘だってバレるよ〉
　嘘をつく許可を求めたことを取り上げて、嘘について話題にしようとしています。

⑦〈ダメダメ。ここで嘘をついていいのは9回まで。10回は多すぎる〉
　これは会話自体を遊びにする言い方です。予定調和を崩して、変化をつけるのが目的です。

　どれが正しいではありません。いくつかを順に組み合わせることもできます。他の言い方もあるでしょう。要は、嘘をつくことについてどんな言葉で話題に取り上げ、心のやりとりをしていくかです。この子はどうしてこんなことを言ったのでしょう。どこまでも受け容れてほしいという気持ちの表れでしょうか。この子は普段からよく嘘をつくのでしょうか。それは何のためでしょうか。嘘がバレて叱られたことがあるのでしょうか。一度実際に嘘をついたら予想外に大きな影響が出てしまい、そのことに不安を抱えているのでしょうか。誰かに嘘をつかれて傷ついているのでしょうか。誰かが自分に嘘をついているように感じていて、真実に触れたいと思っているのでしょうか。他には？

　子どもは時に攻撃的な遊びをします（『遊Q&A』122〜126）。例えば人形を痛めつけるような遊びをするとき、止めるか止めないか迷うこともあるでしょう。次のような場面があったとしたら何と言えばよいでしょうか。

ワーク193

攻撃的な遊びへの応答のワーク
～痛がっているのは誰か

[事例35]

　遊戯療法において、子ども（Yちゃん）がクマのぬいぐるみの目を棒でえぐろうとしています。セラピストはそれを見ていて反射的に「痛い」と感じます。そして考えます。痛がっているのは誰だろう。クマのぬいぐるみの目をえぐる遊びの中で痛がっているのはクマさんなのか、Yちゃん自身なのか、セラピストなのか。それに応じて、3通りの言葉かけが考えられます。

　①〈クマさんが痛い痛いって言っているよ〉
　②〈Yちゃんの心が痛い痛いって言っているよ〉
　③〈私（セラピスト）の心が痛い痛いって言っているよ〉

　セラピストがこのように応じるそれぞれの意図は何でしょうか。あなたはどんな言葉をかけますか？

ワーク193の解答例

　①は親や保育者がよく使う言い方です。相手の痛みを感じ取りましょう、相手の心の痛みに共感できる人になりましょう、という教育目標に従ってのことでしょう。遊戯療法でもこの言い方をすることはあり得ると思います。とはいえ、こう言ったところで簡単にその行為をやめるとは限りません。実際、こう

言ったら余計にやろうとする子どももいます。さも、「クマが痛がるんでしょ、それがやりたいんだよ」とでも言わんばかりに。そうした子どもに〈クマさんが痛がるよ〉は意味がありませんし、むしろ火に油を注ぐことにもなりかねません。

　それに比べると、②はより遊戯療法的な応答です。大人の場合で考えてみましょう。**ワーク165**では、「小学校の高学年のとき、担任教師からみんなの前で理不尽に叱られて、平手打ちを喰らったことがあって。今思い出しても腹が立ってくる。あの先生の家を探し出して、殴りに行ってやろうかと思うくらい」とクライエントが言いました。痛がらせることをしたいと言っているのですから、〈そんなことをしたら、先生が痛がりますよ〉と言っても意味はないでしょう。この話の中で心の痛みを抱えているのはクライエントのほうであって、クライエントの攻撃対象ではありません。

　そう考えると、この遊びで子どもが表現していることは、「目をえぐられてクマさんが痛がるくらい、私（Ｙちゃん）の心は痛がっているんだ」ということです。クマのぬいぐるみの目をえぐる遊びの中で痛がっているのはＹちゃんだと考えてみるのが遊戯療法的な考え方であり、そこから〈Ｙちゃんの心が痛い痛いって言っているよ〉という応答が生まれてきます。

　では、Ｙちゃんは心にどのような痛みを覚えているのでしょう。それに耳を傾けねばなりません。〈目をえぐるのはやめておこう。でも、どうしたの？　何か心が痛くなるようなことがあるのかな？　あるなら教えてくれるかな？〉と尋ねてみましょう。話せるのであれば話すでしょう。話さずに、遊びの続きで、あるいは別の遊びで表現する子どももいるでしょう。どの場合も、セラピストはこの一連の流れを子ども自身の心を表すものとして受け止めます。

　③はセラピスト自身に湧いてきた感情を伝える言い方です。Ｙちゃんの心の痛みを感じ取るには、Ｙちゃんを取り巻く現在の環境や、Ｙちゃんが生きてきた歴史を丁寧に読み返してみることに加えて、セラピスト自身に湧いてきた感情が手掛かりとなることがあります。「私の中にこうした感情が湧いてくる。これは何だろう」とか、「もしかするとＹちゃんもこれと似たような感情を抱いているのかもしれない」と仮に考えてみるわけです。クマの目がえぐられようとしているのを見て、セラピストの中に痛みの感覚が生じてきたのなら、それを

直接子どもに伝えてみるという選択肢が出てきます。それが〈私の心が痛い痛いって言っているよ〉です。

Yちゃんからすれば、クマを痛がらせるつもりが、セラピストを痛がらせることになっているというのですから、話は少し違ってきます。こう伝えると、「ん？　この人は一体何を言っているのだろう。クマの目をえぐろうとしているのに、この人の心が痛いとはどういうことなんだ」と手を止める子どももいるでしょう。あるいはもう一度えぐる真似をしてセラピストの表情を確かめ、それでえぐるのをやめる子どももいるでしょう。もっと痛がらせようとする子どももいることでしょう。いずれにしてもこの応答は、子どもに「自分のやろうとしている行為が他者の心に与える影響を見て、自分の気持ちや行動を振り返る」空間を提供することになっています。大人のクライエントでも、攻撃的な話を聞いてセラピストが思わず痛そうな表情を浮かべたのを見て、「あ、先生が痛そうな顔をしている」と笑いながら指摘したりすることがありますが、それに似ています。

では、〈クマさんも痛いし、Yちゃんの心も痛いし、私の心も痛いって言っているよ〉という応答はどうでしょうか。「全部乗せ」の形です。間違ってはいないにしても、一度に全部言ってはかえって伝わりにくいのではないでしょうか。

この遊びのその後の展開例を示してみます。子どもとセラピスト、双方の思いを味わってみてください。

〔その後の展開例〕

〈それはダメ。クマさんが痛いって言っているよ。やめとこう〉と言って止めると、Yちゃんはチラッとこっちを見ます。そしてまたやろうとします。〈痛い、痛い。ちょっと貸して〉。セラピストはクマを受け取ると目のそばに絆創膏を貼ります。そしてYちゃんにクマを返しますが、Yちゃんはすぐに絆創膏を剝がしてしまいます。セラピストには、Yちゃんが「そんな簡単なものではない」と言っているかのように感じられます。〈そうか、そんな簡単なことではないね。でもやっぱりもう1回貼ろう〉。もう一度貼ると、Yちゃんは今度は剝がそうとしません。その回はそれで終わりました。

次の回のプレイで、Yちゃんはクマを手に持ち、持っておけという感じで無

言でセラピストに突き出し、セラピストから離れて1人で遊び始めます。セラピストはクマを抱きかかえながら、Yちゃんの遊びを遠巻きに見ています。セラピストの心には、まるでYちゃんの半分が抱きかかえられながらもう半分が少し離れて遊んでいるかのような、不思議な感覚が浮かんできていました。Yちゃんは自分の分身でもあるクマがセラピストに抱きかかえられていることに安心しているからこそ、少し離れて1人で遊べているのかもしれません。

ワーク191で、「ストーリーについていきながら、与えられた役割を取ったりツッコミを入れたりしながらやりとりを重ねていきます」と書きました。クライエントのストーリーについていくワークをしましょう。

ワーク194
遊びの流れに乗って役割を取るワーク〜リンゴ①

[事例36]
遊戯療法の中で、子ども（Zちゃん）がままごとセットのリンゴを1つ持ってきました。

「先生、リンゴあげる。食べて」
〈くれるの。ありがとう（ムシャムシャ）〉
「先生、それ毒入りよ」
〈えっ？！〉

この後、どう反応しますか。また、その意図は何ですか。

いろいろな返し方が考えられます。ここでは4通り挙げます。

ワーク194の解答例

① 〈毒入りなの!? で、私、この後どうなるの?〉

これは、セラピストの空想を混ぜずにクライエントが思い描いているストーリーを引き出す言い方です。しかし、「自分で考えてよ」と言われる可能性もあります。これについては『遊Q&A』112も参照してください。

② 〈いや、これくらいでは死なないぞ〉

強がって見せ、思い通りにはならないぞと抵抗を示してZちゃんの反応を見ます。どんな反応が返ってくるでしょうか。「そんなんと違う。ちゃんと死んで」と言われたらどうしますか。あるいは、「じゃあ、あと5つくれてやる!」とさらにエスカレートしてきたら?

③ 〈ウッ、苦しい〉(苦しみながら倒れ、目を閉じて死んだふりをする)

素直に(?)死ぬ反応です。死んだ後、どうなるのかZちゃんの反応を見ます。

④ 〈毒入りって、そんなわけないやろ……ウッ、ほんまや(苦しみながら倒れ、目を閉じて死んだふりをする)〉

これは③の関西風ノリツッコミヴァージョンです。これでケラケラ笑うような子どもの場合には、関係づくりを含めてこんな言い方もできます。

これも遊びのその後の展開例を書いてみます。

〔その後の展開例〕

　セラピストは〈ウッ、苦しい〉と言い、喉の辺りを押さえながら倒れ、目を閉じて死んだふりをしました。子どもが近づいてきてこう言います。

　「ほんとに死んでいるのかわからない。とどめだ。グサッ（想像のナイフで突き刺す）」

　〈（痛がりながら）もう死んでたのに……〉

　どうしてとどめを刺す必要があったのでしょうか。

　これとは別の展開を示す例で次のワークをしましょう。

ワーク195

遊びの流れに乗って役割を取るワーク〜リンゴ②

〔事例36〕（続き）

　セラピストは〈ウッ、苦しい〉と言い、喉の辺りを押さえながら倒れ、目を閉じて死んだふりをしました。この後どうなるのかと思いながらしばらく死んだふりを続けていましたが、何も起きません。少しして音が聞こえるので薄目を開けてみてみると、Zちゃんは部屋の向こう側でトランポリンを跳んでいます。

　セラピストはどんな気持ちになるでしょう？　そしてどうしますか？　次の3通りの対応についてはどう考えますか。

　①この後どうなるのかと思いながら、黙って死んだふりを続ける。

　②何も言わずにトランポリンに近づいていき、何事もなかったかのようにその遊びに合流する。

　③〈ねえ、私、死んでるよ。まだ死んでていいの？〉と尋ねる。

ワーク195の解答例

　そのときのセラピストの気持ちは、驚き、疑い、不満、取り残され感、寂しさなどでしょうか。Ｚちゃんの気持ち、意図はまだよくわかりませんが、その中で対応を考えないといけません。②の「何事もなかったかのように」は、Ｚちゃんの意図を汲み取ることができないという意味であまり望ましくないように思います。①はもうしばらく様子を見ようという反応、③はどうしたらよいかを直接子どもに尋ねる反応です。形は違えど、どちらもＺちゃんの意図を感じようとする反応で、どちらもあり得ると思います。〈ねえ、私、死んでるよ。まだ死んでていいの？〉「うん」〈わかった（まだ続いているのか…）〉と言ったやりとりになるかもしれません。

　遊びはさらに続きます。

ワーク196

遊びの流れに乗って役割を取るワーク～リンゴ③

［事例36］（さらに続き）

　セラピストは寂しさや取り残され感を覚えつつも、この後どうなるのかなと思いながら、黙って死んだふりを続けていました。するとＺちゃんがトランポリンの上から怒った調子でこう言います。

「先生、何してるの！　早くこっち来て。跳ぶよ」
〈えっ、リンゴの話、もう終わり？〉

「うん。早く」

　セラピストはこの一連の遊びの中でどんな役を与えられているのでしょうか。それはこの子のどのような心の苦しみの反映なのでしょうか。セラピストの中に湧いてくる感情をヒントに考えてみてください。

成育歴や家族状況に関する情報を交えて書いてみます。

ワーク196の解答例
　リンゴの話の続きに触れられることなく急かされて、セラピストはモヤモヤが残ります。もしかすると、Ｚちゃんは「私は毒リンゴを食べさせられて、死んでもほったらかしにされているようなものよ」と訴えているのかもしれません。甘えたくても甘えさせてくれない母親。それはまるで意地悪な継母のようで、毒リンゴを食べさせられていると感じているのかもしれません。あるいは、甘えたくても甘えさせてくれない母親に対する怒りを、現実の母親にぶつけるのは難しいのでセラピストに毒リンゴという形でぶつけているのかもしれません。

　子どもの遊びから子どもの心を推測するのは簡単ではありません。しかし遊戯療法的なものの見方を身につけていくと、１つの遊びからいくつかの可能性を感じられるようになってくるものです。やりとりを通して見立てを作り、それに基づいてまたやりとりを重ねるというのは、子どもの場合も同じです。見立てに基づいて応答を考えるワークをしましょう。

ワーク197

見立てに基づいた応答のワーク〜落ちた人形

　子どもはミニチュアの人形で遊んでいましたが、1つが棚と壁の隙間に落ちてしまいました。〈あっ、落ちたね〉とセラピストが応じます。子どもは取ろうとしますが、棚が重くて動かないためなかなか取れません。〈難しいね、取ろうか〉とセラピストは尋ねますが、子どもは無言で頑なに自分で取ろうとします。〈後で先生が取っておくからいいよ〉と言ってもやめないので任せることにします。

　そのときセラピストは、この子が身の危険を感じるようなトラウマ体験を持っていることを思い出します。そして「この人形はこの子にとって自分自身でもある、ということか。だから何としても救出せねばならないんだ」との考えに至ります。この後何と言いますか。

「これは救出劇である」との仮説に立って対応します。3通り挙げます。

ワーク197の解答例

① 〈大丈夫かな、助かるといいな〉と心配する気持ちを口に出す。
　セラピストの感情を子どもに伝える言い方です。

② 〈おーい、大丈夫か、今から助けに行くぞ〜〉と人形に話しかける。
　救出する側の一員になる言い方です。

③〈ただいま救助隊の＊ちゃん（クライエント）が到着した模様です。必死に救出作業を続けています。なかなか助け出せません。あ、今無事救出されました〉と実況中継する。

これを聞いて子どもがその流れに乗るようなら続ければよいでしょうし、口元に指を当てて「シーッ」と制止するならやめればよいことです。

他には？

この後、セラピーの枠が揺れる場面に関するワークを2つ続けます。まずは、『遊Q&A』139で取り上げた「退室渋り」に関連するワークです。

ワーク198
退室渋りへの対応のワーク

終わりの時間が来ましたが、子どもはまだ遊びたがっています。〈今日はもう時間だよ〉と言うと、「えー」と小声で不満げに答えます。子どもは遊びの続きがしたいのか、もう少しこの部屋にいたいのか、あるいはセラピストともう少し一緒にいたいのか、すぐに出ようとはしません。〈＊ちゃん、もうちょっと遊びたい？〉「……うん」〈そうか、遊びたいな。でも今日はもう時間だから、また来週にしよう〉「……」。しばらくして子どもはしぶしぶ立ち上がり、ドアのほうに向かうと、近くにあったぬいぐるみの女の子の人形の頭をポンポンっと優しく叩きます。どうしてそうしたのでしょう。それに対して何と言いますか。

この子の退室渋りは、それほど強固なものではありませんでした。しかし、気持ちは受け止める必要があります。最後の行動にはこの子の心がどのように表れているのでしょうか。

ワーク198の解答例
　この子はもう少し遊びたいという気持ちを収めようとしています。そこで、人形がもう少し遊びたがっていることにして、その人形の頭をポンポンして人形を慰めます。次に、慰められた人形に同一化してこの子自身が慰められたように感じます。慰めることで慰められている、起きていることはおそらくこういうことです。では、この理解に基づいて何と言うか。例を3つ挙げてみます。

① 〈人形を慰めることで、＊ちゃん自身が慰められたように感じたんだね〉
　理解をそのまま解釈するならこういう言い方になるかもしれません。ただし、表現としては少し固い気がします。
② 〈頭ポンポンって慰めてあげたんだね〉
　頭をポンポンした行為者としてのこの子の側に立った言い方です。
③ 〈頭ポンポンって慰めてもらったんだね〉
　頭をポンポンしてもらった側に立つとこうなります。慰めてもらったのは人形ともこの子とも取れる二重性を持った言い方で、私はこれが3つの中では一番望ましいように思います。
　他には？

　セラピーの枠が揺れる場面に関するワークの2つ目は、玩具の持ち帰りについてです。『遊Q&A』149ではクライエントがプレイルームの玩具を持って帰りたいと言ったときの対応を考えました。では、持って帰りたいと言わずに、無断でこっそり持ち帰ろうとするのを見つけたら、どうしたらよいでしょう。

ワーク199

玩具の持ち帰りを止めるワーク

　タイムアップ3分前、子どもがプレイルーム内のミニチュアの兵隊のフィギュアをこっそり持ち帰ろうとズボンのポケットにしまったのが見えました。何と言いますか。

　見つけた以上、黙って見逃すことはできません。〈兵隊さんはたくさんいるから、1つくらいいいよ〉と言って大目に見ることもありません。

ワーク199の解答例

　まずポケットに入れた事実に注意を向けます。
① 〈ここの玩具は持ち出さないよ〉（一般的注意）
② 〈さっき、兵隊さんがポケットに入っていくのが見えたんだけど〉（具体的指摘）
③ 〈好きすぎて思わずポケットに入れてしまったのかな〉（追い込まず、逃げ道を作る）

　そして、〈はい、じゃあ出して〉と自分の手を子どものほうに差し出し、返させます。もし、返すのを渋るようだったら、こう言うこともできます。
④ 〈兵隊さんは、ここにいないと戦えないよ〉（玩具の立場）
⑤ 〈他の兵隊さんたちが寂しがるよ〉（玩具の気持ち）

　いずれも、玩具の側の立場や気持ちを尊重する言い方です。その上で、可能

であれば、子どもの願望を尋ねましょう。
⑥〈持って帰ってどうしようと思ったの？〉

　いよいよ最後のワークです。次は、遊びそのものではありませんが、遊戯療法の中で子どもにこんなふうに尋ねられたらどう答えるでしょうか。

> ### ワーク200
> ## 母親の双極性障害について子どもに説明するワーク
>
> 　双極性障害の診断が下りている母親を持つ小学5年生の子どもが、あるとき遊戯療法の中で、「ねえ、ウチのお母さんってソウキョクセイ障害なんでしょ？　それって何？」と尋ねてきました。どんなふうに説明しますか？

　この場合、診断に関する説明は医師の役割だからと、〈それはお医者さんに聞いてね〉と言って済ませることはできないでしょう。できる限りわかりやすく説明します。〈私はお医者さんじゃないので、私なりの説明にはなるけど〉と前置きをするのはよいと思います。ポイントは、双極性障害という病気の概要をわかりやすく説明することはもちろんですが、子ども自身が現時点でその病気をどうとらえているのかを把握すること、子どもが親にしてあげられることを伝えること、子ども自身の心の負担が軽減するように配慮すること、といったところでしょうか。子どもによって言い方は変わると思いますが、一例を挙げます。

ワーク200の解答例
〔対話12-1〕

〈気分てさあ、何かがうまくいったり、人から褒められたりしたら上がるし、うまくいかなかったり、人から貶されたりしたら下がるよね。1日の中でも、1週間の中でも、(腕を上げ下げして波打つ動作をしながら)こんなふうに上がったり下がったりしている。これくらいなら普通のこと。でも、お母さんの場合は、理由はよくわからないけど、(腕を極端に大きく上げ下げして波打つ動作をしながら)こんなに大きく上がったり下がったりするんだよ。これって大変じゃない?〉

「うん、辛いと思う」

〈上がりすぎて変に元気なのも辛いし、下がりすぎて動けないくらいに落ち込んでいるのも辛い。それが時々こんなふうに大きく波打つんだ〉

「治るの?」

〈1つは薬で波を小さくする。もう1つはカウンセリングで波を小さくする。治るまでけっこう長くかかることもある。だからお母さんは自分の病気と付き合っていかないといけないし、君もそういうお母さんと付き合っていかないといけないね。お母さんを責めたって変わらない。優しくしてあげたほうが早く治るかな。お母さんが辛いときは支えてあげてね。でも、お母さんを支えるだけじゃなくて、君は君で自分のやりたいことをやったらいいんだよ。お母さんのことで君が辛くなるときがあるかもしれないけど、そのときは話を聞くから相談してね〉

この説明である程度理解できたかどうか確認した後、家での母親の実際の様子を尋ね、心配や不安の気持ちを聞けるようであれば聞いていきましょう。

あとがき

　私にとってはこれが 6 冊目の単著になる。これまで、心理療法にせよ、心理検査にせよ、心理臨床の基礎的にして本質的なことを具体性を持って書くというスタイルを貫いてきたつもりでいる。6 冊のうち、Q&A 形式が 3 冊で合わせて600、ワークが 2 冊合わせて200だから足したら800を数えるが、嘘八百ではないと信じたい。

　心理臨床関連の本を読んでいて昔からしばしば残念に思うのは、実際の言葉のやりとりがあまり書かれていないことだ。理論的な本を読んでいても、「で、そういうとき、実際何て言うの？」と思うし、事例報告を読んでいても、「"ここで解釈した"って、実際にどう言ったの？」「"説得した"って、どんな言い方をしたの？」と思う。紙面の都合もあるだろうし、対話を載せるのが趣旨でないという理由もあろうが、もう少し書いてくれるとありがたいと思うのは私だけではなかろう。カウンセラーの応答技法を分類して、応答の言葉を紹介するような初学者向けの本は少なくないが、個別事例の流れの中で、見立てに基づいた意図を持ってそれをどう使い分け、組み合わせて、何と言うのかまでは書かれていないことが多い。しかし、実際に事例を担当し始めると、面接中に判断を迫られるのは、「ここでどういう意図を持ってどっちに進むか、そのために何と言うか」である。本書の主な狙いはそこにある。その意図には、「うける、つながる、ささえる、よりそう、いたわる、みまもる」から「むきあう」を通り、「しわける、ととのえる」、「さする、ひねる、くすぐる」、さらには「ゆする、ゆさぶる」に至るまでのグラデーションがある。こうした受動と能動のバランスについては、既に多くの心理療法家が述べてきたとおりである。

　本書を使用してグループで学習する際には、本に書かれている対話を、2 人の人に割り振って、口に出して読んでみることをお勧めしたい。役をしてみると、何らかの感情や疑問が湧いてくるかもしれない。「私ならこう言うかな」と

いう別の言い方が浮かんでくるかもしれない。それを皆で話し合うのである。言葉遣いはカウンセラーによって違ってよい。自分の口から出てくる言葉でなければ意味がない。

　2024年3月末で少し早めに大学教員を辞してフリーとなった。振り返ると、結果的に心理臨床の現場と大学の間を往復するような、あるいは、その間に位置するようなキャリアの展開となったが、還暦をいくらか過ぎてようやく大学を「卒業」することができた。臨床心理の仕事に就くまでを第一の人生、どこかに所属して働くのを第二の人生とすれば、できるだけ自分のやりたい仕事に専心して、やり残したことを全うする第三の人生の幕開けである。その後に続く（予定の）「今日も朝が来たなあ」「日が暮れたなあ」「今日もご飯がおいしかったなあ」という第四の人生を目指して。むかし本で読んだヒンドゥの四住期（①学生期、②家住期、③林住期、④遊行期）に似ている。「りんじゅう」の後があるのが面白い。

　臨床心理士、公認心理師としてのキャリアはまだしばらく続くが、ひとまず、人の心にここまで深く触れさせてもらえる仕事に就けたこと、長く続けてこられたことに感謝したい。心理臨床家に必要な条件は何か。現時点での答えは、「感じ分ける繊細さと、受け容れる器の大きさと、前に進む勇気」の3つ。カウンセラー、心理士として歩み始めたばかりの方々にも、さまざまな経験を積み重ねて、やってきてよかったなといつか思えるところまで歩みを進めていただけたらと願う。

　創元社の橋本隆雄さんは、本書の企画段階から私の話に耳を傾けて下さいました。私の「意図」を十分に汲み取っていただけたことに感謝いたします。最後に、これまで私と豊かな対話をし、多くのことを教えて下さった方々に御礼申し上げます。

2024年11月1日
竹内健児

竹内健児（たけうち・けんじ）

京都大学大学院教育学研究科博士後期課程学習認定退学。トゥレーヌ甲南学園カウンセラー（在仏）、奈良産業大学、京都光華女子大学、徳島大学准教授、立命館大学大学院人間科学研究科教授を歴任。臨床心理士、公認心理師。

主な著書に、『Q&Aで学ぶ心理療法の考え方・進め方』『Q&Aで学ぶ遊戯療法と親面接の考え方・進め方』『100のワークで学ぶ カウンセリングの見立てと方針』（いずれも創元社）、『スクールカウンセラーが答える 教師の悩み相談室』（ミネルヴァ書房）、『ドルトの精神分析入門』（誠信書房）、『事例でわかる心理検査の伝え方・活かし方』『心理検査を支援に繋ぐフィードバック』（いずれも編著、金剛出版）、他多数。

さらに100のワークで学ぶ
カウンセリングの見立てと応答

2025年2月20日　第1版第1刷発行

著　者　　竹内健児
発行者　　矢部敬一
発行所　　株式会社 創元社
　　　　　〈本社〉
　　　　　〒541-0047　大阪市中央区淡路町4-3-6
　　　　　電話　(06)　6231-9010㈹
　　　　　〈東京支店〉
　　　　　〒101-0051　東京都千代田区神田神保町1-2　田辺ビル
　　　　　電話　(03)　6811-0662㈹
　　　　　〈ホームページ〉　https://www.sogensha.co.jp/

装丁・組版　HON DESIGN　(北尾崇・間宮理惠)
印刷所　　株式会社 太洋社

本書を無断で複写・複製することを禁じます。
乱丁・落丁本はお取り替えいたします。
©2025 Printed in Japan
ISBN978-4-422-11836-9　C3011

JCOPY　〈出版者著作権管理機構委託出版物〉
本書の無断複製は著作権法上での例外を除き禁じられています。複製される場合は、そのつど事前に、出版者著作権管理機構 (電話03-5244-5088, FAX 03-5244-5089, e-mail: info@jcopy.or.jp) の許諾を得てください。

Q&Aで学ぶ
心理療法の考え方・進め方

竹内健児 著

「インテークでは何を聞けばいいのか」「記録はどう取ればいいのか」等、初心のカウンセラーが必ずぶつかる悩みや疑問を200のQ&Aにまとめて詳しく解説。やる気はあってもどうすればいいか分からず戸惑うことの多い初心の心理臨床家や指導者に向けて、長年の経験の中で積み上げてきた著者の臨床知を伝える。

A5判・並製・272頁
ISBN 978-4-422-11597-9　C3011

Q&Aで学ぶ
遊戯療法と親面接の考え方・進め方

竹内健児 著

遊戯療法と親面接は並行して行われることが多く、両者は複雑に絡み合っている。本書は実際問題に焦点を当て、退室しぶり、ズル、親からの要求など、現場で起こる具体的な問題を200のQ&Aにまとめて詳しく解説。「唯一の正しい答え」として提示するのではなく、いくつかの可能性に触れながら、クライエントへの受け答えの例を豊富に示す。

A5判・並製・296頁
ISBN 978-4-422-11705-8　C3011